KB191192

혼자 사는 데는
다 이유가 있다

1인 가구
780만 시대의
'솔로 로망스'

혼자 사는 데는

다 이유가 있다

남윤지 박아연 오희진 윤성민 이다솔 이의수 이지원 전수경 조영인 조은혜 허은혜 지음

도서
출판 니어북스

독자들에게 따뜻한 위로와
공감을 선사하는 책

송파구가족센터장 박연진

『혼자 사는 데는 다 이유가 있다』는 11명의 솔직하고 다채로운 목소리가 만들어낸 1인 가구의 오케스트라입니다. 저자들은 각자의 개성과 경험을 악기 삼아 혼자 사는 삶이라는 주제를 아름다운 화음으로 연주합니다.

서울시 1인 가구들이 공저한 이 책은 단순한 에세이를 넘어, 1인 가구의 삶을 사회적으로 조명하고, 서로에게 힘이 되는 이야기들을 담아낸, 송파구가족센터의 '특별 프로젝트' 결과물입니다.

다양한 직업과 다양한 연령대의 저자들은 책에서 저마다

다른 삶의 방식을 통해 혼자 사는 삶의 다채로운 모습을 보여줍니다. 혼자 먹는 집밥 레시피부터 혼자 떠나는 여행, 반려동물과의 교감, 그리고 가족과의 관계까지 1인 가구의 삶을 촘촘하게 채우는 소소한 이야기들이 독자들의 마음을 따뜻하게 감싸줍니다.

또한 책은 1인 가구라는 주제를 넘어, 삶의 다양한 가능성을 제시합니다. 저자들은 혼자 사는 삶을 선택한 이유, 혼자만의 시간을 보내는 방법, 그리고 혼자이기에 누릴 수 있는 자유와 행복에 대해 깊이 있게 이야기합니다.

혼자 사는 삶에 대한 고민을 안고 있는 1인 가구, 혼자만의 시간을 더욱 풍요롭게 만들고 싶은 사람들, 삶의 다양성에 관심이 많은 사람들, 따뜻한 위로와 공감을 찾는 사람들에게 이 책을 추천합니다.

저자들의 이야기를 통해 혼자 사는 삶의 다양한 모습을 발견하고, 자신만의 삶을 디자인할 수 있는 용기를 얻을 수 있을 것이고, 혼자 있는 시간을 어떻게 활용하고 즐길 수 있는지 다양한 아이디어를 얻을 수 있을 것입니다. 또한 저자들의 다채로운 이야기는 독자들에게 세상을 바라보는 시야를 넓혀주고, '공동체'와 '함께'라는 가치의 소중함에 대해서도 생각해보는 시간을 갖게 해줄 것입니다.

이 책이 단순한 정보 전달을 넘어 혼자 사는 삶에 대한 편견을 깨고 1인 가구의 삶을 응원하는 따뜻한 메시지를 담고 있어, 우리 사회의 다양한 삶의 방식을 존중하고 이해하는 계기가 될 것으로 기대합니다.

우리나라의 1인 가구들은
어떻게 살고 있을까?

"1인 가구는 우리나라 전체 가구에서 가장 많은 비중을 차지하고 있으며, 지금도 계속 늘어나고 있다."[1]

1인 가구에 대한 설명이다. 우리나라의 1인 가구 비중은 1980년 4.8%에서 지난해 35.5%로 급격히 증가했으며, 앞으로도 증가 추세가 이어지면서 2050년에는 39.6%로 늘어날 것으로 전망되고 있다. '우리나라에 1인 가구가 이렇게나 많아?' 하고 깜짝 놀라는 분이 계실지도 모르겠다.

---

[1] 통계청이 발표(2024.7.29)한 '2023년 인구주택총조사'에 따르면 1인 가구는 전체 가구의 35.5%인 783만 가구로 2인 가구(28.8%), 3인 가구(19.0%), 4인 이상 가구(16.8%)보다 훨씬 많은 비중을 차지한다.

1인 가구가 왜 이렇게 계속 늘어나고 있는 걸까? 톨스토이의 장편소설 『안나 카레니나』는 "행복한 가정은 모두 고만고만하지만 무릇 불행한 가정은 나름나름으로 불행하다."[2] (Все счастливые семьи похожи друг на друга, каждая несчастливая семья несчастлива по-своему.)라는 유명한 문장으로 시작하는데, 1인 가구에 적용하면 딱 맞을 듯하다. "함께 사는 가구는 비슷비슷한 이유로 함께 살지만 혼자 사는 가구는 모두 나름대로의 이유로 혼자 산다."고.[3]

우리나라에 이렇게 많은 1인 가구가 살고 있는데, 이들은 과연 어떤 생각을 하고, 어떤 데 관심이 있고, 어떤 일상을 보내고 있을까? 이 책은 그러한 궁금증을 해소해 주는 조그만 단초가 될 수 있을 것이다.

---

2 출처 : 『안나 카레니나 1』, 레프 톨스토이 저/박형규 역, 문학동네, 2009.12

3 1인 가구란 '1명이 단독으로 생계를 유지하고 있는 생활단위'를 말한다. 1인 가구 사유는 본인의 학업·직장이 가장 많고, 그다음은 배우자의 사망, 혼자 살고 싶어서 등의 순이며, 연령대별 사유는 40대까지는 본인의 학업·직장, 50~60대는 본인의 이혼, 70세 이상은 배우자의 사망이 가장 큰 사유이다. (1인 가구 현황 및 지원정책, 생활법령정보, 법제처, 2024.6.15).

책의 출발점이 된 것은 서울시 송파구가족센터가 1인가구지원사업[4]의 일환으로 기획한 '책 출간 프로젝트'다. 수강생 11명이 2024년 4월 29일부터 7월 22일까지 매주 월요일마다 거여동에 위치한 송파구가족센터에 모여서 A4 용지 한 매씩을 쓴 것을 다듬어 책으로 엮었다. 처음부터 공저 주제를 '1인 가구'로 계획했던 것은 아니지만, 함께 모여 공통적인 관심사에 대해 얘기를 나누는 과정에서 자연스럽게 '1인 가구'로 의견이 모아졌다.

이 책의 저자들은 서울에서 1인 가구로 생활하고 있는 20대 후반 ~ 50대 초반의 남녀다. IT, 디자인, 이커머스, 의료기관 등 다양한 분야에서 일을 하고 있거나 일시적으로 휴직 상태에 있는 우리 주변의 이웃들이기 때문에, 우리나라 1인 가구의 모습을 대표적으로 보여주고 있다고 할 수 있다.

책은 3개의 장으로 구성되어 있다. 1장을 '1인 가구학개론'이라고 한다면 2장과 3장은 '각론'이다. 공저자들이

---

4   송파구가족센터는 급증하는 1인 가구의 다양한 요구를 충족시키고 사회적·정서적·생활적으로 더 안정된 삶을 지원하기 위해 정서심리상담 서비스, 교육여가문화 프로그램, 사회적 관계망 형성 등 다양한 프로그램을 운영하고 있다.

분야를 나눠 각자 20쪽 내외 분량으로 글을 썼다. 각각의 글마다 공저자 11명의 취향이 그대로 드러나 있어서 어떤 글은 가벼운 에세이, 어떤 글은 소설이나 시처럼 다가올 것이다.

1장은 세 명의 저자가 1인 가구에 대한 생각부터 시작해 혼자 살면서 경험하고 느낀 점들을 적었다. 2장은 먹는 것, 혼자 다니는 것(공연 관람과 같은), 집 문제, 그리고 혼자 살면서 맞닥뜨린 무서웠던 순간들에 대해 들려주고 있다. 3장의 글들은 1인 가구도 혼자가 아니라 다른 '대상'들과의 관계 속에서 함께 살아가고 있음을 보여준다. 그 '대상'들은 반려견, 반려식물, 복싱 — 이를 통한 사람들과의 만남도 포함 — 그리고 가족이다.

책 뒤에는 '작가의 말' 형식으로 에필로그를 실었는데, 공저 집필에 참여한 열한 분이 책을 쓰면서 느낀 소감을 짤막한 글에 함축했다. 책쓰기에 처음 도전한 열한 분의 열정을 느낄 수 있을 것이다.

책 속의 글을 한 편 한 편 읽다보면 우리 사회 1인 가구들의 삶을 들여다보고 공감도 할 수 있는 좋은 기회가 될 것이다. 현재 1인 가구로 생활하고 있거나 1인 가구를 계획하고 있는 독자라면 생활에 도움이 될 만한 유용한 팁이나 노하우도 발견할 수 있을 것이다.

 공저자들이 각자 관심 있는 분야에 대해 글을 쓰다 보니 책에서 미처 다루지 못한 부분들 ― 반려묘, 1인 가구의 경제활동, 다양한 취미생활 등 ― 도 여럿 있다. 이러한 부분들에 대해서는 앞으로 후속작업이 이루어질 수 있었으면 하는 바람이다.

2024년 9월

차례

제2장   혼자 사는데 이런 것쯤이야

제3장　　1인 가구도 관계다

제1장

1인
가구로
산다는 것

솔로의
사생활

이지원[5]

여자가 언제까지 혼자 살 거냐고?

가장 오래된 불교 경전 숫타니파타에 '무소의 뿔처럼 혼자서 가라.'는 말이 있다. '인생은 독고다이'라는 일본 말도 잘 알려져 있다. 이렇듯 인생은 누군가와 함께 살 수는 있어도 결국 혼자 책임지고 내 몫을 살아가야 하는 시간인 것 같다. 물론 인생의 동반자를 찾아 함께 호적(가족관계증명서)에 묶여 살아보는 것도 의미가 있겠지만 아

---

5 이지원 : 불혹이 지나면 삶에 어느 정도 안정감이 들고 '나'에 대해 정의할 수 있을 것으로 생각했다. 하지만 여전히 인생은 어렵고 어떻게 살아야 할지 계속해서 답을 찾아 헤매는 사십 대 사춘기를 겪고 있다. 1인 가구로 살지만 다채로운 삶을 경험하고자 '지식과 경험의 확장'을 삶의 모토로 삼고 틈틈이 조금씩 도전하며 살고 있다.

직은 그런 삶에 대한 로망이 없어서 지금까지 살아온 그대로 혈혈단신 살아가고 있다. 솔직히 말해 원 가족이 있어서 완벽한 혈혈단신은 아니지만. 아 참, 내 슬하에 고양이도 있고.

사실, 그날그날 주어진 일들을 하며 하루하루를 살아내다 보니 '어!' 하는 사이에 중년의 나이가 되고 그저 결혼이라는 새로운 길로 용기 있게 들어서지 않았을 뿐인데, '아직도 싱글이냐?'는 약간의 문제성 있는 단어로 정의되는 1인 가구를 유지하며 살게 되었다.

처음 원 가족에서 분리되어 혼자 살기로 결심했을 때 걱정이 없었던 것은 아니다. 독립이라기엔 너무 성숙한 나이 삼십 대 후반에 하는 독립이어서, '그동안 나이만 먹었지 부모님 슬하에서 철없이 살던 내가 혼자서 내 삶을 꾸려나갈 수 있을까?' 하는 두려움이 컸다. 그런데 웬걸, 모든 것을 내 마음대로 계획하고 정하고 꾸리고 사는 게 이렇게 뿌듯한 일이라니! 물론 너무 신경 쓸 게 많다는 고통도 따르지만, 자기 주도적 인간으로 산다는 자긍심이 힘든 일들로부터 나를 지탱해 주었다.

하지만 처음에는 정신없이 그저 온전한 나만의 삶을 유지해 나가기 위해 분투하는 기분으로 1인 가구를 꾸려나갔다면, 5년차가 넘어선 지금은 어느 정도 생활이 안정되었기에 머릿속에 의문들이 생겨나기 시작했다. 나는 정말 계속 혼자 살 것인가? 결혼을 해야 할 것인가? 내가 결혼을 안 한 이유는 무엇일까? 나보다 앞서 혼자 사는 인생을 택한 인생 선배들은 어떤 생각과 목표를 가지고 혼자 사는 걸까? 나처럼 지극히 내향적인 사람도 혼자 꿋꿋하게 살 수 있을까? 끝없는 질문이 머릿속을 채워나가기 시작했다.

어쩌면 인생의 사춘기가 사십 대에 온 것 같기도 하다. 그래서 답을 찾기 위해 혼자 생각하는 시간을 갖기도 하고, 혹시나 인생 선배들의 경험을 책으로 배울 수 있을까 싶어 서점도 들러본다. 간혹 매스컴을 타는 유능하고 멋진 싱글 여성들을 접하기도 한다. 하지만 그럴 때면 오히려 '나는 재능도, 능력도 없는 너무나 평범한 사람인데, 특별한 이유도 없이 이렇게 혼자 사는 게 맞는 걸까?' 하는 우려스러운 마음에 주눅이 들기도 한다.

그래서 이렇게 보통 사람, 보통 여자, 지극히 평범한 사십 대가 소소한 하루하루를 혼자 살아내는 아주 개인적인 이야기를 풀어내는 것이 나처럼 인생의 늦은 사춘기에 든 홀로 사는 사람들에게 조금이나마 위로가 되기를 바라는 마음이다. 앞서 나가며 선두로 세상을 밝히는 빛과 같은 존재들도 있지만, 틈틈이 박혀 보이지 않는 모래알 같은 존재들도 함께 세상을 이루고 있고, 그들도 밝은 빛을 받으면 반사돼서 잠시나마 '반짝!' 하며 밤바다를 예쁘게 수놓을 수도 있을 테니까. 혼자일 땐 내가 이렇게 사는 게 맞는 것인지, 나만 이상한 건 아닌지, 나만 외로운 것인지 답답하기도 하지만, 세상 구석구석 우리 같은 존재들이 조용히 살아간다는 걸 알면 작은 힘이 생길 수도 있으니까. 그렇게 작은 모래알들끼리 보이지 않는 끈이지만 연대하는 마음을 갖고 있다면 꿋꿋하게 인생의 소소한 재미를 느끼며 살아갈 수 있을 테니까.

사십 대 사춘기

한국인 여성 기대수명 86.6세의 시대. 나는 어느덧 기대수명의 절반을 넘기며 살고 있다. 그중 절반은 교육기관에 다니며 나이에 따른 사회적 요구 절차에 따라 지식을 습득했고 나머지 절반은 의료기관에 취업하여 출퇴근하며 월급을 받고 있다. 와, 이렇게 내 삶을 단순하게 나눌 수 있다니! 나도 지금 놀랐다. 그런데 문제는, 이대로라면 남은 인생의 반은 이변이 없는 한 여전히 똑같은 의료기관에 다니며 출퇴근을 반복할 것이고, 나머지 반은? 그래 그것이 문제다. 그 문제로 느지막한 정신적 사춘기에 접어들었다. 언제부터, 누구랑 무엇을 하며, 어디에서, 어떻게 살 것인가, 왜 그렇게 살 것인가 등등 육하원칙에 대입을 해보며 고민해 봐도 쉽게 답이 나올 사항은 아닌 것 같았다.

그러던 중 미래를 꿈꾸기 전에 우선은 과거를 돌아봐야 미래에 대한 대답이 나올 것 같다는 생각이 들었다. 내가 나에 대해 더 확실히 알고 내 삶을 어느 정도 정의할 수 있어야 미래에 대한 방향성을 찾을 수 있을 것이기 때문이다. 그리고 이런 고민을 시작하게 된 원초적 원인에 대해서도 생각하게 되었다. 그것은 바로 '나는 도대체 일하려고 태어난 사람인가?' 하는 질문이었다. 앞서 얘기한 것처럼 나는 20여 년간 직장에 다녔고, 삶의 형태를 바꾸거나 국가의 복지정책이 급격히 변화하지 않는 한 앞으로도 20여 년을 더 다녀야만 한다. 물론 밥벌이가 가능하다는 것은 충분히 감사할 일이지만, 왜 인간으로 태어나 생명 자체로서 존중받지 못하고 이렇게 내 밥벌이를 끊임없이 해야만 하는 시대에 태어났는가에 분개하며, 더욱 원초적인 질문인 생명이란 무엇인가, 인간이란 무엇이고 태어나고 죽는 것이란 무엇인가에까지 생각이 미치게 된다.

그런 복잡한 마음에 종교에 귀의하면 해답을 얻을 수 있을까 싶어 주변의 믿음이 신실한 지인들에게 상의도 해 봤지만 진심으로 와 닿는 조언은 아직 구하지 못했다. 그저 생명은 그냥 생겨나는 것이고, 우연한 유전자의 조합에 의해 내가 여기에 왔다고 생각하는 중이다.

그렇게 어쩌다가 우연히 생겨났지만, 그렇다고 막 살 수는 없는 인생. 주어진 인생을 후회 없이 충실히 살아내고자 하지만, 그런 삶이 버겁기도 하다. 태생이 게으르고, '귀찮다.'는 말을 입에 달고 살았던 학창 시절의 내가 회사 생활을 위해 그 본태성 게으른 습성을 거슬러 일을 하고 있으니 삶이 힘겨운 것이다. 그래서 나는 '정말 이제 그만하고 퇴사를 해야 하나?'라는 고민에 빠지기 시작했다.

오로지 일만 하다가 지치면 번아웃이 온다고 하던데, 코로나 팬데믹 이후로 개인적인 사회활동을 줄이고, 다른 사람들과의 오프라인 관계를 회피하고 회사 생활만 하며 지내면서 내게도 번아웃이 온 것 같다. 사실 나는 지극히 내향적인 사람이라 아무리 좋은 사람들이어도 여러 사람들을 시끌벅적하게 만날 때보다는 혼자 조용히 집에 있을 때 더 행복하다고 느끼는 사람이라고 생각했는데, 너무 고립되었던 시간이 나에게서 일할 동력마저 앗아간 듯했다. 아직 남은 인생은 길고, 더욱이 나는 1인 가구로 혼자 살아가는 만큼 내 마음을 다잡아 남은 삶을 다채롭게 끌고 갈 재미를 찾는 일이 시급해졌다.

이왕 이 현실에 내 삶이 주어진 이상, 후대에 뭔가 대단한 것을 남기지는 못하더라도 내가 사는 삶 동안 할 수 있는 최선은, 많은 것을 경험해 보고 느끼고 떠나는 것이라는 생각이다. 혼자 살아가고 있지만 하루하루 알차고, 재미있고, 소중하게 살아가기 위해 세상에 대한 호기심을 가지고 무엇이든 경험하는 일에 두려움을 갖지 않고 도전해 보며 살아가려고 한다. 하지만 소심하고 겁 많은 내가 '도전'에 도전하는 것이 쉽지만은 않다. 게다가 나는 많은 시간 회사에 묶여있는 직장인 아닌가! 회사일 뿐만 아니라 혼자 살고 있기에 해야 하는 잡다한 집안일들, 고양이와 함께 살기에 보살펴줘야 하는 시간 사이에 내 삶의 재미를 따로 더 챙기기 위해서는 바쁘게 살아야 한다. 사람들과의 관계 속에서 스트레스를 받기도 하는 성격이기에 집에서 혼자 조용히 시간을 보내는 것과의 조율도 필요하다.

그런 시간의 줄다리기 속에서 틈나는 대로 이것저것 도전하며 삶의 경험을 쌓아가고, 어떤 활동이 나에게 스트레스 없는 즐거움을 주는지 확인해 가며 하루하루를 충실히 보내고 있다. 어느덧 내 인생 목표는 '지식과 경험의 확장'이라는 슬로건으로 함축할 수 있게 되었다. 그래서 지금까지 소소하지만 사부작사부작 경험해 왔던 취미나 문득문득 떠오르는 생각들을 공유하며 혼자라서 외롭다고 느끼는 1인 가구 세대주분들과 나누고 싶다는 생각에 이르게 된 것이다.

마흔다섯이 있을 곳

관심 대상 넓히기

한국에서는 모든 기준이 나이다. 어린이집부터 시작해 초·중·고등학교, 대학교, 취업, 결혼, 출산 등에 보편적인 나이 기준이 있다. 내 나이 마흔다섯은 보통 학부형의 나이다. 따라서 내 나이 친구들의 삶의 중심은 대부분 자녀를 향해 있다. 하지만 1인 가구인 나는 아직도 청년층의 생활방식으로 살고 있다. 회사에 다니고 가끔 친구들을 만나며 취미생활을 위해 모임에 참여하는 등 보통의 40대 학부모의 생활방식과는 사뭇 다른 삶을 산다. 아무래도 오로지 '나'의 생활만 챙기면 되는 삶이기에 시간적으로나, 정신적으로 여유가 있는 편이다. 그렇지만 내향적인 나에게도 세상엔 재밌어 보이는 일들이 너무 많아 이것저것 관심을 두게 되고 도전해 보느라 늘 시간은 부족한 느낌이다.

혼자 살기 시작하며 가장 먼저 관심을 가진 건 가드닝이었다. 나 외엔 아무 생명체가 없는 집이 삭막하게 느껴졌고, 그렇다고 제 몸 하나 건사하기 힘든 내가 동물을 키울 엄두는 나지 않아 식물을 하나둘 들여놓기 시작했다. 난이도 '하' 수준의 스파티필럼, 오로라, 스킨답서스 등을 키웠다. 가끔 물만 주면 무럭무럭 자라는 식물들이어서 크게 품이 들지 않는데도 집을 푸릇푸릇하게 단장해 주었다. 이왕이면 푸르름과 함께 알록달록한 식물들을 주로 키우고 있다. 생명의 다채로운 모습을 보면 항상 새로우니까.

사실 일 년에 한 번쯤 품이 많이 드는 계절이 있다. 식물들이 너무 잘 자라서 봄엔 식물들을 더 큰 화분으로 옮겨주거나 포기나누기를 해줘야 한다. 화분이 한두 개였을 때는 그것도 뿌듯함이고 기쁨이었는데, 해마다 화분 나누기를 하다 보니 이제 어느덧 집에 화분이 수십 개가 되어 주변 살식마(식물살인마) 지인들에게 '아주 키우기 쉬운 화분이니 키워보고 용기를 가져 보라.'고 선물하고 있다. 물론, 그런 기회가 지인들에게 본인이 살식마임을 한 번 더 확인하는 과정이 되기도 한다. 집안 환경이 다르면 아무리 적응력이 좋은 식물이라도 살기 어려운 때가 있는 법이다. 사실 우리 집에서 식물들이 잘 자라는 것도 어찌 보면 팔 할이 자연과 집의 힘이다. 해가 잘 드는 창과 바람이 잘 통하는 구조 덕에 나는 물만 주고도 집에서 사시사철 푸르름을 누릴 수 있었다.

베란다 도시농부가 되어보겠다고 집에서 과일이나 채소를 먹고 씨앗이 나오면 뭐든 심어보기도 했다. 자칭 도시농부로서 잊을 수 없는 가장 뿌듯했던 순간이 있었는데, 바로 마트에서 사 온 수박을 먹고 씨앗을 심어서 다시 수박 열매를 수확했을 때다. 수박 새싹에서 넝쿨 줄기가 길게 자라고, 꽃들이 피고, 수꽃들 사이에 암꽃이 피는 아침에 출근 전에 수정을 시켜주면 며칠 후 꽃 아래 아주 작은 호박 같은 열매가 커진다. 그러면 너무 뿌듯한 마음에 매일매일 그 작은 열매를 관찰하게 되는데, 조금 더 자라면 서서히 수박 줄무늬가 생겨나는 게 보인다.

평생 도시 아파트에만 살았던 나인데, 내 베란다에서 수박이 열렸다니! 이 뿌듯함은 이루 말할 수가 없어서 사진을 열심히 찍고 탁구공만 한 수박들을 따서 회사에도 가져가고 동네 친구네 집에도 들고 가서 나눠 먹었다. 미니어처 수박으로 소꿉놀이하는 기분이었지만, 작은 열매인데도 수박 맛이 나고 씨앗도 생긴 걸 보면서 느꼈던 생명의 신비와 그 생명의 대를 내가 이어줬다는 감격은 아마 평생 잊지 못할 것이다. 혼자 살고 있지만 식물의 존재에 혼자가 아닌 느낌, 다른 생명들과 어우러져 있다는 느낌이 나 또한 살아있음을 느끼게 했다.

2020년은 전 세계가 코로나 팬데믹으로 타의에 따른 집순이로 살아야 하는 시기였다. 어떤 위험을 가져올지 정확한 정보가 없는 미지의 바이러스를 피해 집에서 격리된 시기를 보내며, 세상과 단절된 느낌에 홀로 힘겨워하는 사람들이 많았다. 당장 회사를 가지 못해 경제적 위험에 처한 사람들도 많았지만, 나는 직업 특성상 별 차이 없이 출근을 계속해야 했고 그래서 사실 남들만큼 공허함이나 공포를 느껴보지는 못하고 그 시기를 넘긴 것 같다. 특히나 그 시기에 새 가족을 들여서 더더욱 외로울 새 없이 그 시간을 보낼 수 있었다. 새로운 가족이란 바로! 고양이.

"나만 없어 고양이."라는 밈이 있듯이 어느새 인간 세상에는 온오프라인 할 것 없이 고양이가 차지하는 부분이 아주 커졌다. 예전에는 영물로 여겨졌던 고양이가 지금은 귀엽고 은근히 허술한 모습으로 많은 이의 마음을 녹이고 있다. 그런 고양이가 내 집에도 있다. 누구나 자식을 키우면 팔불출이 되듯이 나도 새로운 사람과 친해지면 어느새 고양이 사진을 보여주며 자랑하고, 물린 상처를 보여주며 투정을 부리기도 한다.

길에서 구조된 고양이를 본 순간 한눈에 반해 입양신청을 하고 키우기 시작했는데, 사실 이렇게 힘들 줄은 몰랐었다. 6개월령의 아기 고양이는 인생 최대, 아니 묘생 최대의 활동기였고 그야말로 벽을 타고 날아다닐 정도로 활발했다. 게다가 고양이는 야행성이어서 내가 잘 시간에 '우다다'하며 집안을 뛰어다니기 일쑤였고, 뛰지 않을 때는 내 목 위에 올라와서 자느라 나는 고양이 골골 소리에 두 시간마다 잠이 깨며 거의 일 년이라는 시간을 수면 부족으로 보냈다. 다행히 지금은 우리 둘의 라이프사이클이 맞춰져서 내가 잘 준비를 하면 고양이도 얼른 저녁밥을 챙겨 먹고 잘 준비를 한다. 사실 우리 집 고양이는 애교가 많은 성격은 아니어서 서운할 때가 많은데, 가끔 안아주고 쓰다듬어보면 그 몽글몽글한 살과 극세사 털이 덮인 피부가 너무 부드러워서 세상 근심을 잊을 정도로 평화로운 시간을 안겨준다.

그렇게 가족 고양이와 함께 코로나의 외로운 시기를 잘 견뎌냈다. 사실 코로나 팬데믹 시대가 왔을 때 나는 그런 시대를 반겼는지도 모른다. 아무하고도 약속이 없었지만, 그런 게 당연시되었던 시간. 나만 외로운 게 아니고 고독이 당연한 시간. 어쩌면 그동안 내가 느낀 외로움은 상대적 외로움이 아니었을까?

배려하는 마음 갖기

고양이를 키우며 정보를 얻기 위해 고양이 집사 모임에 나갔다가 내가 내 기준으로만 세상을 판단하고 있었다는 걸 알았다. 내가 아직 결혼하지 않았으니 나보다 어린 사람은 모두 미혼일 것이라는 크나큰 착각 말이다. 고양이 집사들의 가족 형태는 무척이나 다양했다. 어리지만 이미 결혼했거나, 혹은 결혼은 했지만 딩크족인 부부, 또는 나이가 많지만 아직 독립하지 않고 부모님과 함께 살거나, 육아와 함께 고양이를 키우는 등 모든 가정 형태의 사람들이 모여 있었다. 이것은 내가 얼마나 그릇된 고정관념에 싸여 있는지를 깨닫는 기회가 되었다. 1인 가구가 사회적으로 소외된 집단으로 인식되는 건 싫어하면서 나는 모든 사람을 내 기준으로 보고 편견으로 예단하고 있었다. 다양한 삶의 모습이 있다는 것을 다시 한번 느꼈고 그 모든 모습이 자연스러운 것임을 인정하기로 했다.

드디어 엔데믹 시대가 왔고, 나도 슬슬 바깥 활동을 시작하게 됐다. 그런데 시간이 흐른 만큼 내 나이도 늘어 있었다. 취미활동을 하는 모임에 가입해 보려고 기웃기웃 해보니, 나이 제한에 걸려 문턱도 못 넘어 보거나, 나이 제한이 없는 모임에 어렵사리 가입해도 내가 제일 나이가 많은 그런 민망한 상황이 되어버린 것이다. '나이는 숫자에 불과하다.'라고 나이 들어가는 사람들을 위로하기 위한 말이 있지만, 나이 들어 보면 나이가 단지 숫자뿐이지 않다는 걸 알게 된다. 마음만은 삼십 대 청년에 머물러 있고 철든 건 이십 대랑 비슷한 수준일지도 모르는데 신체 나이는 나이를 속이지 못해서 몸이 달라지는 게 느껴진다.

사실 여자 나이 사십오 세면 생식능력이 떨어지고 몇 년 후면 폐경을 바라봐야 하는 나이다. 결혼 안 하고 철없이 어린 친구들과 어울려 놀지만 나만 겪는 중년여성의 신체적 변화들은 누구에게 쉽게 말하기도 어렵고 이해받기도 어려운 일이 되었다. 그럴 때마다 사십오 세의 여성은 이렇게 집밖에 나가 놀 나이는 지난 것 같다는 생각이 들기도 했다. 다른 이들은 가족의 품에서 힘든 점도 얘기할 수 있고 이해받을 수 있을 텐데, 괜히 내 얘기를 꺼냈다가는 부담스러워할 것 같고 어차피 겪어보지 않으면 이해하기도 어려울 터. 그런 어려움을 사회에서 만난 어린 친구들과 나누기가 쉽지 않았다.

나이가 들어서 또 하나 부담스러운 것은 그 누구도 나에게 인생의 노련함이나 어른스러움을 요구하지 않았음에도 스스로가 그렇게 보여야 한다고 생각하는 것이다. 철없는 말을 하거나, 어린 친구들이라고 너무 편하게 대하면 나잇값 못하는 눈치 없는 철부지 소리를 들을 것만 같은 걱정이 든다. 그래서 동년배 친구들을 찾게 되는데, 막상 사회에 나가서 친구를 찾아보면 마흔다섯 살 정도의 친구들은 모두 가정으로 숨어버린 느낌이다. 그래서 '그 누구를 만나든 서로 배려하고 존중하는 자세를 가지고 상대를 대하면 차차 시간이 지날수록 서로를 이해하게 되고 친구도 될 수 있겠지.' 하는 마음으로 사람들을 대하려고 하고 있다.

밖으로 향하는 창 열기

혼자 살며 가장 서러운 때가 아플 때라고 하지 않는가. 그래서 건강을 위해 이런저런 운동을 한다. 혼자 하는 것보다는 같이 할 때 동기부여가 되고 서로 피드백을 주고받으며 실력 향상에도 도움이 되기에 운동모임에 가입해서 함께 하기도 한다. 요가, 수영, 등산, 국궁 등을 배우고 평생의 취미 운동으로 삼고 있다.

집 앞 요가원에서만 요가를 배우다가 자연에서 하는 모임이 있다며 함께 가보자고 한 친구 덕에 멋모르고 따라갔던 때가 생각난다. 정적인 운동을 좋아해서 요가를 시작했는데, 막상 배워보니 나의 체중으로 중력을 거슬러 근력을 키울 수 있고 다양한 스트레칭 동작을 통한 유연성 향상은 물론, 현재에 머무르는 연습을 통한 명상과 호흡법으로 마음의 안정도 얻을 수 있는 등 장점이 많은 운동이었다. 그래서 점점 요가에 빠져들던 터에, 자연 속에서 요가를 할 수 있다는 기대감이 너무 커서 회원들에 대해 알아보지도 않고 덜컥 참여했다.

서해안 어느 해변에서 아침 8시에 모여 서로 가벼운 인사를 나눈 후에 강사 선생님의 플로우를 따라 요가 시간을 가졌다. 파도와 갈매기 소리, 선선한 바람을 느끼며 선생님이 정성 들여 구상해 온 시퀀스에 따라 동작하다 보니 행복감이 충만해졌다. 하지만 운동 후 식사 자리에서 자기소개를 하는데, 세상에나! 내가 가장 연장자였다. 심지어 나이 차이가 크게 나는 동생뻘 친구들이 많아서 나도 모르게 위축되는 기분이었다. 사실 그럴 일도 아닌데, 내가 외향적 성격이 아니기에 먼저 다가가기 힘들었고 어린 친구들이 내 나이를 듣는 순간 어려워하는 것처럼 느껴졌기 때문인 것 같다. 하지만 용기를 내서 그 후로도 자연에서 요가할 기회가 있으면 종종 참여하곤 했다. 한번은 산으로, 한번은 휴양림으로 가서 다양한 곳의 자연을 느끼며 그 안에서 호흡하다 보니 함께하는 친구들과의 세대차를 극복할 수 있는 느낌이었다. 또 몇 번 얼굴을 비추다 보니 친분이 쌓이고 서로 편해졌기에 나도 나이를 잊을 수 있었다.

혼자 사는 게 편하지만 그래도 용기를 내서 사회에 한발 다가서면 그만큼 또 넓은 세상이 열린다는 것을 늘 마음에 새기고 살아가고 있다.

그렇다면 과년한 나이를 느낄 수 없는 운동은 없을까? 물론 있다. 어느 날 남산 산책을 하다가 눈에 띈 '석호정'. 뭐 하는 곳인가 보니 바로 활쏘기(국궁)를 하는 곳이었다. 저 멀리 과녁을 향해 어르신 몇 분이 활을 쏘고 계셨다. 산속에서 호젓하게 활을 쏘는 모습이란! 정녕 신선들의 놀음같이 여유로움이 느껴졌다. '그래 바로 저거야!' 나처럼 정적인 것을 좋아하는 사람에게 딱 안성맞춤일 것 같은 운동. 알아보니 서울시에서 주관하는 강습도 따로 있었다. 두 달간 강습을 받고 나면 145미터 과녁을 향해 활을 낼(활 쏘는 것을 이름) 수 있는 사대에 올라갈 수 있게 된다. 과녁 크기가 가로 2m, 세로 2.66m에 달하지만, 사대로부터 거리가 145미터나 되기에 관중(명중)을 하기가 여간 어려운 게 아니다. 한 번 사대에 올라서면 화살 5발을 내게 되는데 5발 모두를 맞히면 '몰기'를 했다고 표현하며 그 후로 '접장'으로 불리게 된다. 앞으로 '접장님'으로 불릴 그날까지 좀 더 열심히 참여해 볼 생각이다. 내가 보낸 화살이 '휭' 하늘을 날아가는 순간, 마치 나도 그 화살을 타고 잠시나마 하늘을 나는 기분이 든다. 그렇게 날아간 화살이 저 멀리 과녁을 맞히고 과녁 위에 시시등이 들어오는 순간! 그 짜릿하고 뿌듯한 마음! 그런 희열에 썩 잘하지 못해도 자꾸만 활터를 찾게 된다.

국궁은 우리나라 전통 무예임에도 잘 알려지지 않고 체험해 볼 수 있는 기회도 적어 생소한 편이다. 하지만 종종 대학교 동아리 친구들도 활터에서 볼 수 있듯 나이 불문하고 모든 세대가 즐길 수 있는 운동이다. 에너지를 급격히 많이 쓰지 않기에 지금부터 노년기까지 평생 할 수 있는 취미를 하나 가지게 된 것 같다. 국궁과 함께하는 노후 생활이 기대된다.

내향적이지만 쉬지 못하는 성격 때문인지 나름 취미 부자로 살고 있다. 수영과 등산도 꾸준히 하는 운동 중의 하나이다. 수영을 좋아했기에 스킨스쿠버나 프리다이빙 등에 관심을 가져 도전해 봤고, 언젠가 기회가 된다면 라이프가드 자격증도 따서 좀 더 다양한 삶을 체험해 보고 싶기도 하다. 요가를 배우면서는 나중에 자격증을 따서 시니어 요가 강사를 꿈꾸기도 하는 등 어떤 활동을 통해서든 새로운 미래를 꿈꿔볼 수 있다는 게 도전하는 삶의 재미인 듯하다. 무언가 한 가지를 시작해서 관심을 두다 보면 파생적인 것에도 흥미가 생기고 그렇게 또 사람들을 만나고 관계를 이어 나가게 된다. 새로운 사람들을 만나서 나를 소개하는 과정에서 적지 않은 나이에 위축이 되기도 하지만 막상 조금씩 마음을 열고, 가능한 선에서 열심히 활동하며 서로 알아가게 되면 즐겁기도 하고 다양한 삶의 모습에서 많은 것을 배우기도 한다. 한 번의 인생을 살아가며 조금 더 많은 사람들을 만나고 소통하면 그게 또 삶의 의미 아닐까? 1인 가구라 아무래도 혼자 지내는 시간이 많을 수밖에 없지만 틈틈이 밖으로 향하는 창을 열어 인생의 다양한 재미를 경험해 보는 것도 지루하지 않은 삶을 위한 방법일 듯하다.

다만 다른 사람들과의 관계 속에 스며들기 위해서는 기본적으로 그 모임의 취지에 맞는 성실함을 지녀야 한다고 생각한다. 운동모임이라면 그 운동을 열심히 해서 보조 맞춰 할 수 있어야 하고, 독서 모임이라면 정해진 책을 다 읽고 가는 정도의 성의는 보여야 모임 목적에 맞게 다른 사람들과 두루 어울릴 수 있게 되지 않을까. 모임뿐 아니라 그 누구를 대할 때에도 배려심과 성실성을 지닌다면 관계 맺기에서 큰 어려움은 없는 것 같다. 그런 모습에 상대도 나를 환대해 주고 환대받은 따뜻한 마음에 나도 타인을 따뜻하게 대할 수 있게 되어 하나하나 타인과의 연결고리를 엮어갈 수 있게 된다.

정말 혼자였을까?

사실, 나는 지극히 내향적이며 개인주의적인 사람이다. 타인에게 특별히 관심이 없고 무리 지어 다니는 것도 싫어하며 혼자 있는 시간을 행복해하는 사람이다. 타인에게 의존하거나 피해를 주지 않고 내 몫의 삶을 책임지기 위해 부단히 노력하며 사는 중이다. 그래서 '인간관계가 중요하다.' 혹은 '인간은 외로운 존재기에 혼자 살 수 없다.' 등의 말을 들으면 내가 혼자서도 잘 사는 모습을 보여 그 말이 틀렸다는 것을 증명해 보이고 싶은 마음도 든다.

지금도 굳이 결혼이라는 제도에 얽매이지 않고 혼자 잘 살아내고 있다고 생각하지만, 되돌아보면 혼자는 아니었다. 회사에 오랫동안 함께한 직장 동료들이 있고, 가까운 곳에 부모님이 사시고, 친척들과도 관계를 맺고 서로 기쁨과 슬픔을 나누며 살았다. 오랜 친구건, 새로 사귀게 된 친구건, 긴밀하게 친분을 나누지 않더라도 손닿는 곳에서 마음의 안정감을 느끼게 해준다.

운동을 할 때 페이스메이커에 따라 성적이 달라지듯이 삶을 살아내는 동안에도 친구 같은 동반자의 존재가 삶이라는 경주를 끝까지 할 수 있는 원동력이 되게 한다. 오랜 직장생활에 지쳐 번아웃이 왔을 때 가장 도움이 됐던 건 '집단상담'을 받은 경험이었다. 서울시 주최 '1인 가구 지원사업'에서 집단상담 프로그램을 운영했는데, 우연히 기회가 닿아 상담을 받게 되었다. 다른 사람들 앞에서 내 속의 이야기를 꺼내기 힘들어하는 성격이라 참여가 망설여졌지만, 첫 수업 때 '상담 시간 동안 듣게 되는 모든 이야기는 비밀에 부칠 것'을 전제로 서약서도 작성하여 마음 편히 상담에 임할 수 있었다. 서로 비밀을 간직한 사이가 된다는 게 우리를 은밀히 연결되게 했고, 의지하게도 만들었다. 나이도 다르고 고민거리도 달랐던 우리는 서로의 이야기에 놀라기도 하고 서로의 삶을 안쓰러워하기도 하면서 경청했다. 누가 누구에게 훈수 두는 일 없이 들어만 주는데도 우리는 털어놓는 것 자체만으로도 마음이 한결 가벼워졌다. 상담 선생님이 부탁하신 게 아닌데도 우리는 서로에게 칭찬을 하고 용기도 주었다. 그렇게 '연대'가 만들어졌고, 마지막 수업 후 헤어지기 너무 아쉬웠던 우리는 근처 카페에서 차를 한잔하며 각자의 사생활을 터놓기도 하며 조금 더 친밀해질 수 있는 시간을 만들기도 했다.

　나는 그전까지 일에 치여 누군가와 새로운 관계를 맺는다는 것조차 귀찮고 지겹게 느꼈던 사람인데도 집단상담을 함께 한 친구들과는 인연을 지속하고 싶었다. 나만 힘들게 살고 있는 게 아니고 모두가 나름의 힘듦을 겪고 있고 자기 자리에서 최선을 다해 이겨내고 있으며, 그 방법을 모를 때는 이렇게 사회에 손을 내밀면 손을 잡아줄 누군가가 있다는 것을 느꼈기 때문이다. 또 내가 그 집단 안에서 받아들여진다는 느낌, 그 연대감을 계속 이어가고 싶었다. 마음이 힘든 누군가를 직접적으로 도와줄 수 없더라도 그렇게 곁에 있어 주며 이야기를 들어주는 것 자체가 힘이 되는 것을 알았다. 그렇게 인간은 누군가와 마음과 생각을 나누고 함께할 때 삶을 져버리지 않고 지속할 수 있게 되는 것 같다. 혼자 산다고 하더라도, 아니 오히려 혼자 살기에 더더욱 사회를 향한 관심과 호기심이 필요하다. 그렇게 세상과 닿아 있어야 새로운 기회도 오고 다양한 경험도 해볼 수 있는 것이다.

독서 또한 내가 혼자가 아니라는 것을 느끼게 하는 행위다. 사람들은 보통 자기 자신만의 경험으로 세상을 느끼고 판단하며 살게 되는데 독서를 통해 작가 혹은 타인의 세계관과 만나게 되며 책은 곧 다른 세계로 들어가는 문이 되어준다. 작가의 이야기 혹은 소설 속의 인물들을 통해 다른 삶을 간접 경험함으로써 '나' 중심으로만 결정되던 삶에 다른 이의 삶에 대한 이해가 더해진다.

독서와 마찬가지로 또 한 가지 내 삶을 풍부하게 해주는 게 있다면 그것은 사랑하는 사람을 만나는 게 아닐까? 지금은 1인 가구로 혼자 살고 있지만, 이성을 만나는 것은 또 다른 의미로 삶에 창을 더해준다. 사람은 누군가가 옆에 있으면 으레 영향을 주고받기 마련인데, 그게 가장 긴밀한 관계의 이성이라면 세상을 보는 새로운 창을 하나 더 갖게 되는 것이라고 생각한다.

사랑할 때 상대를 이해하기 위해 상대의 관점에서 세상을 보게 되고 그런 행위로 내 생각과 행동 범위가 더 넓어지며 결국 삶에 대한 이해가 더 풍성해질 것이다. 가족을 만든다면 내 인생은 더 확장되리라. 사실 나는 난임 연구원으로 종사하며 다른 이의 가족을 만들어주는 데 반평생을 바쳤음에도 내 유전자를 남기는 일에는 관심이 없어서 이렇게 1인 가구로 살아간다. 어쩌면 나만의 가족을 만들며 써야 할 에너지를 아꼈기에 나에게 집중하며 삶에 대해 의문도 갖고 고민할 시간도 있었던 것 같다.

혼자지만 고립되거나 외롭지 않게, 주변 사람들과 느슨한 연대를 맺어가며, 가끔은 사랑하며 때론 홀로, 다채로운 삶을 경험할 수 있도록 새로운 도전에 용기를 가지며 살아가고 싶다.

이렇게 내 삶을 돌아보고, 행복했던 순간을 찾아보며 내가 그토록 힘들어했던 '일하려고 태어난 사람인가?'에 대한 고민도 어느 정도 해소되었다. 지식과 경험의 확장을 통해 풍성한 삶을 살아가려면 '밥벌이'가 꼭 필요하다는 깨달음을 얻은 것이다. 일을 통해 자아를 실현하고, 자기효능감을 느끼며, 자아존중감도 고취되지만 일이 갖는 더 큰 의미는 내가 흥미 있어 하는 일에 관심을 가질 수 있는 삶의 기본 토대가 되어준다는 것이다. 그렇게 힘들고 지겨웠던 '일'이 한편 나를 살게 해준 주춧돌이었다. 한 팔로는 나의 일을 소중하게 끌어안고 다른 팔은 세상을 향해 뻗어 세상을 더 느끼고 다채롭게 경험하고 싶다. 그렇게 살면 혼자지만 혼자인 것만은 아닌 삶을 살게 될 것이다.

나의 행복한
순간들

조은혜[6]

　삶에 있어 행복한 순간은 그리 많지 않다. 어쩌면 불행한 시간이 더 긴 것 같기도 하다. 모두가 행복을 꿈꾸지만, 과연 어떻게 해야 행복하게 살 수 있을까? 행복은 멀리 있지 않다고 하는데, 일상의 작은 일에 만족하고 소중한 행복을 찾는 것이 그 답이 될 수 있지 않을까?

　이 글의 제목은 '나의 행복한 순간들'이지만 꼭 나 혼자

6　조은혜 : 88년생. 안양대학교에서 디자인을 전공했으며, MBN, CBS, KTV, 연합뉴스, JTBC 등에서 그래픽 디자이너부터 시작해 OAP PD로 활동했다. 이 외에 대검찰청, 동대문구청, 서울특별시청에서 홍보담당관으로 근무했다. 의미 있는 글을 통해 사람들의 삶과 행복에 긍정적인 영향을 주는 데 관심이 많다.

경험했던 순간들만 담겨 있지는 않다. 혼자이기 때문에 행복하기도 했지만, 다른 사람들과 함께 있어도 각자 다른 경험과 생각으로 행복할 수 있었기 때문이다.

먹고 노는 것 외에도 즐거운 일은 세상에 정말 많고, 누구에게나 행복했던 순간이 있으리라고 생각한다. 지극히 소소한 나의 이야기가 이 글을 읽는 독자분들께 숨겨져 있던 행복을 꺼내보는 기회가 되기를 바란다.

먹을 때 행복해

맛있는 음식도 누구와 함께 먹느냐가 중요하다는 말이 있다. 하지만 혼자일 때는 다르다. 혼자 먹을 때는 무엇을 먹느냐가 중요해진다. 바빠서 일을 해치우듯 급히 먹게 될 때도 더러 있지만 혼자 먹으면 음식에 집중하게 되고 맛을 더 음미할 수 있다. 나는 혼자서 요리를 해 먹는 경우는 드물지만, 간혹 요리를 하게 되면 설거짓거리를 줄이려고 한 그릇에 다 담는다.

참치는 못 참치! 몇 년 전 모 참치 브랜드에서 펭귄 캐릭터로 광고를 했다. 나는 참치를 초장에 담가 먹을 정도로 참치 회 맛을 잘 모른다. 그러나 내게도 참치캔은 매우 중요한 식량 자원이다. 집에 참치캔이 있으면 가족들이 참치에 밥을 비벼 먹기도 하고, 찌개에 넣어 끓이기도 하는 등 여러 요리에 참치를 활용했다. 명절 때 회사에서 선물세트로 참치를 받게 되면 작은 크기가 아쉽기는 했지만, 참치를 맛있게 먹을 가족들을 생각하며 기쁜 마음으로 들고 갔다.

요즘은 야채참치, 고추참치 등 참치캔의 종류가 다양해졌다. 나는 가족들과 함께 먹었던 기억을 되살리며 참치를 찾는다. 혼자 있을 때도 참치캔의 맛은 변함이 없다. 참치캔은 샐러드나 샌드위치에도 들어가는, 혼자서 요리하기 쉬운 재료이기도 하다.

10여 년 전, 가평에 있는 쁘띠프랑스 마을에 친구와 놀러간 적이 있다. 당시 친구와 나는 사회생활을 한 지 얼마 되지 않아 둘 다 넉넉한 형편이 아니었다. 그래서 나는 참치 샌드위치를 만들고, 친구는 과일을 준비해 가기로 했다. 나는 참치캔에 있는 참치에 마요네즈와 후추만 잘 섞어서 통에 담았고 저렴하게 구입한 식빵을 챙겼다. 친구와 내가 얼마나 먹을 수 있을지 몰랐기에 20장짜리 식빵과 참치 스프레드 500g을 갖고 갔다. 그날 친구와 나는 아침에 만나서 저녁에 쁘띠프랑스를 떠날 때까지 참치 샌드위치만 종일 먹었고 샌드위치가 얼마나 남았나 얘기하며 돌아다녔다. 지금도 쁘띠프랑스를 생각하면 참치 샌드위치 맛이 떠오른다. 내가 요리를 잘 해서 기억에 남는 게 아니라 그때 그 양에 대한 충격이 추억으로 남았기 때문이다.

달디달고 달디단 고구마. 고구마는 다이어트 식단이나 간식으로 인기가 많다. 나는 고구마를 굉장히 좋아해서 고구마 철이면 식사, 간식에 야식까지 고구마를 입에 달고 지낸다.

5년여 전 외삼촌께서 비어있는 땅에 내가 좋아하는 고구마를 심으셨다. 40상자 넘게 수확이 나와 모든 친척들이 몇 상자씩 나눠 먹었다. 나도 집 한 켠에 고구마 상자들을 내 키만큼 쌓아 놓았고 한동안 고구마를 굽고 찌며 달달하고도 따뜻한 겨울을 보냈다. 먹어 본 사람들은 모두 고구마를 팔아도 되겠다고 얘기했다. 나도 외삼촌께 고구마를 팔게 되면 온라인 광고를 해보겠다고 말했다.

그리고 다음 해, 외삼촌께서는 진짜로 고구마 농사를 시작하셨다. 이번에는 남는 땅이 아니라 소유한 땅에 전부 고구마를 심어 150상자를 수확했다. 고구마는 키우기 쉽지만, 자라고 나면 관리가 어렵다. 땅속에서 고구마를 캐다가 껍질에 조금만 상처가 나도 쉽게 물러지고 썩어버리기 때문이다. 외삼촌께서는 내가 온라인으로 얼마나 팔 수 있겠냐 싶었는지 고구마를 보관창고로 옮기지 않고 판매될 때마다 상자에 담아서 보내겠다고 하셨다.

하지만 고구마는 밭에 있는 동안 계속 커지면서 맛과 신선도가 떨어지기 때문에 빨리 팔아야 했다. 나는 하루 만에 상품 이미지를 만들어 당근마켓, 번개장터, 중고나라 등 가리지 않고 곳곳에 판매 글을 올렸다. 그렇게 외삼촌과 나는 한 팀이 되어 주문과 배송을 담당하고, 매일 수시로 고구마가 몇 상자가 남았는지 이야기했다. 다행히 고구마 맛이 좋아 추가 주문도 받아서 2주 동안 100상자를 팔았고, 주변에도 선물로 20상자를 보낸 후에야 판매를 마쳤다. 그러나 판매가에서 모종과 영양제값을 다 빼보니 수익은 매우 적었다.

이듬해에 외삼촌은 비장한 마음으로 다시 고구마를 심어서 250상자를 수확했다. 이렇게 팔아야 할 고구마 양이 많아지자 나는 문득 겁이 나기 시작했다. 내가 좋아하는 고구마라고 심은 건데 점점 일이 커지고 시간에 쫓기게 되자 풍년에도 기뻐할 수만은 없었다.

외삼촌은 언제 한번 고구마를 구경하러 오라고 하셨다. 나는 밭과 고구마의 실제 사진을 찍어두면 좋겠다는 생각에 가족과 함께 시골에 있는 고구마 밭을 방문했다. 고구마가 땅 속 줄기에서부터 포도송이처럼 자라난 모습은 경이로웠고, 직접 고구마를 캐 보는 경험도 참 재밌었다. 그러나 그것도 잠시, 고구마는 하루가 다르게 자라기 때문에 창고로 빨리 옮겨야 하는 상황이었다. 잠깐 방문할 계획이었던 나는 그날 하루 종일 고구마를 캐고, 캔 고구마를 옮기고, 고구마를 보관창고에 넣어두고, 또 상자에 담아야 했다. 갑작스럽게 농사일을 처음 해보니 온몸이 멍이 든 듯 쑤셨다. 다시 서울로 돌아와 상품 이미지에 사진을 넣어서 광고를 하고, 주문을 받고, 문의 전화도 받으면서 고구마가 얼마나 남았는지, 신선도는 어떤지 이야기를 주고받으며 애가 타는 바쁜 시간을 또 보내야 했다.

그렇게 나는 고구마 값을 호되게 치렀고, 다시는 외삼촌께 좋아하는 음식을 얘기하지 않기로 마음먹었다. 고구마가 싫어졌다고 거짓말도 했지만, 사실 난 지금도 고구마를 매우 좋아한다.

닭이 먼저냐 계란이 먼저냐! 혼자 살면서 자주 접하게 되는 음식이 닭가슴살과 계란이 아닐까 싶다. 가족과 살 때는 집에 뭐가 있는지 전혀 관심이 없다가 독립하게 되면 냉장고에 뭐가 있는지 자꾸 생각하게 된다. 끼니마다 먹을 음식을 결정해서 준비하는 일을 혼자 다 해야 하기 때문이다.

48

처음에는 직접 만들어보고 싶었던 음식이 있어서 도전해 봤다가 내가 요리에 적성이 안 맞는다는 것을 알았다. 이후로 주변에 있는 맛집을 다녀봤지만 지갑이 가벼워지는 것을 느꼈다. 그래서 지갑 대신 내 몸무게를 가볍게 할 수 있는 다이어트를 결심하게 됐는데, 그때 만나게 된 마지막 종착지가 바로 닭고기와 계란이었다. 스테이크, 소시지, 볶음밥, 만두까지 닭가슴살로 만들어진 요리는 종류와 맛이 다양한데다 가격도 저렴한 편이다. 구운 계란도 온라인에서 다량으로 간편하게 주문할 수 있다.

몇 년 전, 나는 닭가슴살 제품과 계란을 세트로 구입하면서 먹는 것에 대한 고민을 안 하게 될 것으로 생각했다. 처음 며칠 동안은 냉동실에 구비된 다양한 닭가슴살 제품들을 보고 고르는 재미에 푹 빠져 지냈다. 매콤한 맛, 카레 맛, 훈제까지 종류가 다양하고 맛도 무궁무진했기 때문이다. 끼니마다 종류별로 하나씩 먹어보면서 다이어트에 대한 기대도 커졌다. 그러나 며칠 지나고 나니 똑같은 맛과 종류에 점점 질리기 시작했다. 이후에는 먹지 않아도 무슨 맛인지 혀에서 느껴지고 식감까지 기억났다.

그러나 집에 있는 냉장고는 크기가 작아 냉동실에 보관해도 쉽게 상했기 때문에 빨리 처리해야 했고, 나는 반품하고 싶은 상품을 재고처리 하듯이 내 입에 넣어야 했다.

그렇게 계획적인 강제 다이어트로 몸무게는 줄고 지갑은 통통해졌지만, 음식을 먹는 것이 행복한 일임을 그때 깨달았다. 닭가슴살 제품을 다 처리한 후로 나는 다시 맛집을 찾았고, 몸무게와 지갑도 모두 예전으로 돌아왔다. 내가 닭가슴살 다이어트를 했었다는 추억만 빼고 말이다.

그는 나에게로 와서 꽃이 되었다. 누구나 대접받길 원하지만 사회에서는 작은 배려조차도 기대하기 어렵다. 나라도 나 자신을 소중히 여기자는 마음에서 방법을 찾다보니 꽃을 생각해 보게 됐는데, 나를 위한 꽃을 사자니 왠지 부끄러웠다. 그러다 꽃차를 알게 됐다.

예쁜 식용 꽃을 따뜻한 물에 넣으면 안에서 꽃이 핀다. 꽃마다 향과 맛이 모두 달라 매력적이다. 투명한 컵에 꽃차를 가득 담고 한 모금씩 음미하다 보면 마음까지 한결 편안해지고 여유로워진다. 내가 처음으로 접했던 꽃차는 샤프론이다. 샤프란 섬유유연제 이름이 더 익숙하지만, 세상에서 가장 비싼 향신료 중 하나다. 몇 년 전에 온라인 쇼핑몰에서 신규 가입 고객이면 싸게 구입할 수 있다고 해서 호기심에 사게 됐다.

샤프론은 항산화, 항염, 노폐물 배출, 혈액순환 등의 효과가 있다. 얇은 실오라기 같은 찻잎을 두세 가닥만 넣어도 금세 물이 노랗게 변한다. 눈으로 보이는 변화만큼이나 향이 매혹적이고 맛도 쌉싸름해 몸에 좋다고 느껴진다. 물이 노랗게 변하는 또 다른 꽃차로는 메리골드가 있다. 메리골드에는 루테인 지아잔틴 성분이 들어있어 눈 건강에 효과적이라고 해서 한동안 메리골드도 많이 마셨다.

꽃 선물로 흔히 볼 수 있는 장미도 차로 마실 수 있다. 장미차는 항산화, 혈당 조절 효능이 있고 복통에도 효과가 있다. 장미차를 마시고 나서 향미에도 관심이 생겼다. 최근에는 벚꽃차도 접하게 됐는데, 벚꽃차는 비타민 A, B, E가 풍부하고, 피부 미용에 좋다고 한다.

다양한 꽃말처럼 꽃마다 향미와 맛과 효능이 달라서 꽃의 매력에 빠지지 않을 수 없다. '자세히 보아야 예쁘고, 오래 보아야 사랑스러운' 당신에게도 꽃을 선물해보자. 꽃에 물을 주듯 자신에게 꽃 한 잔을 선물해보자.

쉼이 행복해

모든 사람이 쉬는 날이 있다. '빨간 날', 바로 공휴일이다. 이런 날에도 누군가는 쉬지 못하고 일을 해야겠지만. 매일 잠을 자야 하듯 쉼은 우리 삶에 필수불가결한 요소다. 적당한 쉼은 즐거움을 주고, 더 행복한 삶을 누리게 해 준다.

누구나 쉼이 필요하지만 쉬는 방법은 다양하다.

나는 언젠가부터 쉬는 법을 잊어버렸다. 쉼이라는 것이 무엇일까? 일상을 마친 후에는 항상 주말이 돌아왔지만, 그때마다 나는 뭔가를 하면서 시간을 보냈다. 나는 왜 이토록 쉼과 멀어지게 된 건지 생각해봤다. 어쩌면 이것은 불안에서 시작되었는지 모른다. 붙잡을 수 없는 시간이 지나가는 아쉬움에 무엇이라도 하려다 보니 어느새 쉼을 잊어버리게 된 것이다. 그러나 주변을 돌아보니 쉬지 않으면서 쉰다고 착각하는 사람이 나 뿐만이 아니었다.

대부분의 사람들이 여행을 간다든지 어떤 프로그램에 참여하거나, 친구와 영화를 보고 전시회에 가는 등 주말마다 일정을 빼곡하게 채우곤 한다. 나는 이런 바쁜 스케줄이 또 하나의 쉬는 방법이라 생각했지만, 이제 와서 보니 착각이었다. 나에게 나름대로 의미 있고 괜찮은 일이라고 생각했지만 내 몸은 잠시라도 쉬어본 적이 없었던 것이다.

이제는 내 몸이 나에게 화를 낼 것만 같아 쉼이 무엇인지 알아야 겠다고 생각했다. 좋은 쉼은 내 몸을 사랑하는 방법이 될 수 있기 때문이다. 그림 작품에도 여백이 있듯, 쉼이라는 것은 다른 시간을 채우기 위한 공백이 된다. 무엇이든 새로운 경험은 낯설지만, 모든 배움에 의미가 있듯이 쉼도 배워야 한다. 여러 가지 쉬는 방법을 시도하다 보면 나에게 맞는 쉼을 발견하게 될 것이다.

근데 어디서 쉬지? 당연하게도 집이 쉬는 공간이라는 것을 알면서도 집에서 쉰다고 생각하니 왠지 답답하게 느껴졌다. 집순이와는 거리가 멀던 내가 어떻게 쉴 수 있을까 고민하다가 반신욕에 도전해 보기로 했다. 입욕제로 풍성한 거품을 만들어보며 음악을 감상하는 시간을 가져보기로 한 것이다.

입욕제는 선물로 받아봤지만 바쁜 탓에 사용해보지 못하고 버려야 했다. 이번 기회에 내가 원하는 제품을 찾아보려고 러쉬 브랜드의 온라인 몰부터 둘러봤다. 나는 평소에도 커피숍에서 커피를 마시지 못하고 캐모마일 차를 찾을 정도로 카페인에 민감하다. 그래서 숙면에 도움이 되는 라벤더 향 제품이나 상쾌한 종류로 구입하기로 했다.

그러나 매장에 직접 가보니 내가 골라놓은 제품들은 향이 생각과 다르고 거품도 나지 않았다. 그래서 제품 하나하나 설명을 읽어보며 향을 맡고, 음식을 먹을 때보다 더 집중했다. 결국 내가 구입한 제품은 '더 컴포터'라고 하는 과일 향이 나는 버블바였다.

집에도 욕조가 있지만 쉼에 집중하기 위해 굳이 호텔에 가서 호캉스를 하겠다는 계획을 세웠고, 욕조가 있는 방을 예약했다. 지난해 가을 제주도로 여행을 다녀왔는데 그때 카멜리아힐 식물원에서 억새를 보며 다짐했었다. 내년에는 수국을 보러 오겠노라고. 그렇게 제주도에서 호캉스를 해야 할 이유가 분명해져서 덜컥 숙소부터 예약한 것이다.

호텔의 스파 욕조에 버블바를 넣고 거품을 낸 후 들어가서 몸을 녹이다 음악을 틀었다. 처음에는 유튜브로 가수 박효신의 음악을 찾아 들어 보았는데, 이후 자동으로 드라마 OST가 이어졌다. 그렇게 드라마 <그해 우리는>에 관심이 생겨 영상을 찾아봤다. 영상에 빠져들어 손발이 퉁퉁 부을 만큼 시간이 훌쩍 지났다. 노래를 따라 불러도 보고, 여러 생각에도 잠기다보니 몸이 나른해졌다. 침대에 돌아와서도 드라마 <쌈 마이웨이>를 찾아보다 늦은 시간에 잠들었다. 하지만 놀랍게도 아침에 일어나니 그리 피곤하지는 않았다. 아마 입욕제 덕분이지 않았을까 싶다.

음악을 감상하고, 드라마를 몰아보고, 늦게 자도 피로가 해소되기까지! 이렇게 세 가지 장점이 있는 반신욕은 시간이 매우 많이 필요하다는 단점이 있다. 그래서 매일 할 수는 없고 여행을 다니면서 가끔 해봐도 좋겠다는 생각이 든다. 이번에 제주도에서 기념품 가게들을 방문했는데, 이전에는 관심이 없던 입욕제를 샀다. 제주도의 특색 있는 꽃과 식물의 향을 담은 입욕제다. 입욕제를 처음 경험한 이번 여행을 생각하며 다음 여행에서 기분 좋게 사용할 수 있을 것 같다.

　언젠가 마음이 심란할 때 금식기도원을 찾았다. 그곳은 대중교통으로 갈 수 있어서 쉬는 날 가끔 방문했다. 금식기도원이라지만 금식은 선택 사항이고, 식당에서는 보조식과 일반 식사를 판매한다. 매점과 카페도 운영하는데, 카페는 식물원처럼 예쁘게 꾸며져 있다. 나는 애초에 금식기도를 할 생각이 없었기에 식당, 매점, 카페를 다 이용했는데, 식사가 매우 잘 나오고 카페에도 맛있는 것이 많아서 갈 때마다 먹을 계획도 같이 세우곤 했다.

　기도원에는 숙박시설도 있지만 예약을 받지 않아 일찍 가서 방을 구해야 했다. 숙소는 1인실부터 4인실까지 있는데, 1인실도 3만 원으로 저렴한 편이었다. 한겨울에도 찜질방처럼 난방이 매우 잘 돼 있어 따뜻하고 포근하게 나를 품어주는 기분이 드는 곳이다.

　예배당에서는 새벽부터 밤늦게까지 예배를 하고 있어서 언제든 자연스럽게 드나들 수 있었다. 누군가와 함께 기도원을 방문하기도 하지만, 혼자 가는 경우도 많아 자연스럽게 예배당에 앉아 설교를 듣게 되었다. 그곳에서 나만의 수많은 걱정거리를 끄집어내서 머릿속에서 천천히 정리

해보고, 조용히 기도를 하고 찬송을 따라 불렀다. 어두운 곳에 홀로 앉아 마음속에 담아두었던 나의 고민을 다 쏟아 놓다 보면 어느 틈엔가 사라지고는 했다.

낯선 곳에서 혼자만의 시간을 보낸 후 조용히 숙소로 돌아온다. 들어오자마자 아랫목에 누워 쉬고, 온기를 충분히 받은 후에 다시 일어나 씻은 다음 잘 정돈되어 있는 침대에 눕는다. 그렇게 하루를 마감하면 묵은 때가 벗겨진 듯 마음이 후련해지고 몸도 가벼워졌다.

누구에게나 힘든 순간이 있다. 무거운 삶의 무게를 혼자 감당하고 있다면 하늘로 올려 보내면 어떨까. 두 팔 벌려 나를 환영해 주는 기도원에 가서 맛있는 식사도 하며 새로운 에너지를 얻어가는 것도 좋을 것 같다.

도전이 행복해

혼자 지내면서 크게 바뀐 것 중 하나는 생활공간이 축소된 것이다. 모든 물건이 가깝게 배치되어 있어 한 공간에서 많은 일을 할 수 있지만, 한편으로는 많이 움직일 일이 없다보니 자꾸 한 자리에 머무르는 시간이 많아졌다. 집에서도 사무실처럼 앉아서 많은 시간을 보내게 됐다. 앉아있는 일이 지루해지면 가까운 침대에 눕게 되고, 그러면서 저절로 살이 쪘다. 그래서 운동을 결심했고, 활동할 만한 것들을 찾으며 도전하는 즐거움을 알게 됐다.

자전거는 운동기구이자 좋은 이동 수단이다. 나는 달리기를 좋아해서 마라톤도 했었는데, 매년 한두 번씩 마라톤 대회에 나가 10km 정도를 달리고 나면 올해 운동을 다 한 듯 뿌듯했다. 하지만 마라톤이 끝나면 먹는 것으로 마라톤을 시작했고, 운동에 대한 보람과 즐거움은 오래가지 못했다. 그리고 완주하고 받은 메달이 10개가 넘어가자 다른 종목에 도전하고 싶은 마음도 생겼다.

그러다 국토종주 자전거길이 있다는 것을 알게 되어 여러 지역을 자전거로 여행하며 다녀보겠다는 결심을 했다. 당시 회사 직원 중 자전거를 많이 타는 분이 바퀴가 두껍고 안전하다며 MTB 자전거를 추천해 주어서 그분이 골라준 모델을 구입했다. 전에는 주말에 본가로 갈 때 대중교통을 이용했지만, 자전거로 운동하면서 가보자는 생각이 들었다. 회사에서 본가까지는 자전거로 1시간 30분 거리로 그리 멀지 않았지만, 주말에는 사람이 많고 차도 많이 다녀서 자전거를 끌고 걸어야 하는 구간이 많았다. 배가 고파 중간에 저녁 식사를 하기도 했다.

그렇게 자전거로 다녀보니 걷거나 뛰는 것과는 또 다른

매력을 느끼게 됐다. 달리는 속도만큼 보이는 풍경이 더 빠르게 지나갔고, 속도를 재어보고 거리에 따라 계산해서 돌아다닐 수도 있게 됐다.

이후 주말이나 연휴에 국토종주 자전거길에 도전했는데, 서울이 아닌 지역에는 자전거 표지판이나 자전거를 상징하는 도식이 많지 않았다. 국토종주 스탬프를 찍을 수 있는 인증센터는 공중전화부스처럼 생겨서 지나치기 쉬웠다. 차도와 공용으로 사용하는 길도 있고, 오르막이나 내리막도 경사가 높아 처음에는 걷다시피 다녔다.

그렇게 한강 종주 자전거길, 아라 자전거길, 북한강 자전거길 등을 다녔고, 자전거길 완주를 위해 하루 종일 자전거를 타기도 했다. 어떤 날은 너무 힘들어 천천히 가다가도 해가 지고 길에 큰 벌레들이 나와 있는 것을 보고 질겁하며 페달을 마구 밟기도 했다. 그렇게 차츰차츰 실력이 쌓였다. 아직 동해안, 남해 지역과 제주 환상 자전거길이 남아있지만 도전해야 할 일이 있기에 자전거를 계속 타게 된다.

이제 밖에 나갈 때면 자전거를 탈지, 걷거나 뛸지 고민한다. 운동에 대한 선택사항이 하나 더 생겼다는 건 참 기쁜일이다. 운동이라고 하면 왠지 힘들다는 생각이 들 수 있지만, 앉아서 페달을 밟으며 이동한다고 생각하면 편하게 느껴진다. 빠르게 또는 천천히 내 마음대로 속도를 조절해 가며 달릴 수 있어 좋다.

전에 TV에서 KBS 열린음악회 프로그램을 보다가 해금 연주 소리에 반해 '언젠가 배워야겠다.'고 생각했다. 몇 년이 지나 동대문구에 위치한 회사에 다닐 때 해금 생각이 나서 구경을 해보려고 종로 낙원상가에 갔다가 해금 학원을 발견했다. 그렇게 갑자기 상담을 받고 수강 신청을 했다.

해금은 국악기로 외관상 중국의 얼후나 일본의 고큐와 유사하다. 특히 해금과 얼후는 연주하는 방식과 음을 조절하는 방법도 비슷하다. 해금의 줄은 명주실이고, 얼후는 쇠로 된 실이다. 해금은 울림통이 나무로 되어 있는데, 얼후는 뱀가죽으로 만들어졌다. 이런 차이로 음색에 차이가 난다. 얼후는 고음이 경극과 비슷한 소리로 밝은 느낌이 들고, 해금은 사람 목소리에 더 가까운 것 같다.

천한 사람을 낮잡아 '그지 깽깽이'라고 하는데, 해금의 옛 이름인 깡깡이에서 비롯된 말이다. 거리에서 연주하며 구걸하던 해외의 바이올린 연주자들처럼 우리나라에서는 해금이 그런 사연이 있는 악기였다. 그래서인지 소리가 매우 구슬프고 한 맺힌 음색으로 심금을 울린다. 연습실에서 혼자 연습을 해도 노래를 불러주는 친구 같은 해금 덕분에 외롭지 않았다. 슬픈 날에는 해금이 나보다 더 애달프게 울며 위로해 주는 듯했다.

커리큘럼에 따라 배우며 국악에 대해서도 알게 됐는데, 진도 아리랑은 12절까지 있고 강원도 아리랑은 15절까지 있다는 것도 해금을 배우면서 알았다. 선생님과 아리랑 가사를 천천히 읽고, 지역별로 다양한 아리랑의 특색을 느끼며 지워지고 잊힌 우리 문화에 대한 아쉬움을 연주로 승화하고 싶은 마음이 커졌다.

해금 연주는 두 손으로 건반을 누르는 피아노와 매우 다르다. 왼손으로는 음정에 맞는 현을 누르면서 오른손으로는 활대를 밀고 당기며 소리를 내야 한다. 나는 어릴 적에 피아노를 배워서 피아노를 칠 줄 알지만, 해금으로 소리를 내려면 도레미부터 연주법을 새롭게 배워야 했다. 피아노는 오른쪽으로 갈수록 음이 높아지는 반면에 해금은 위쪽으로 올라갈수록 높은음을 내는 구조여서 계이름에 맞는 위치도 익혀야 했다.

주중에 1번 방문해서는 실력이 잘 늘지 않는 것 같았다. 공연과도 같이 아름답고 멋진 연주를 하시는 선생님처럼 좋은 소리를 내고 싶어 토요일에도 학원에 다녔다. 그렇게

1년이 지나자 동요나 클래식 중 쉬운 곡은 혼자서도 연습할 수 있는 수준이 됐다.

이후에는 다양한 타령을 비롯해 나라의 영원을 소망하는 수제천, 세종대왕이 직접 지었다는 여민락을 배웠고, 현대 영화나 드라마 OST와 같은 빠르고 복잡한 곡도 연주하고 싶어서 악기 상점에서 해금을 대여해 연습해보기도 했다. 결국 악기에도 욕심이 생겨 당근마켓을 통해 전공자에게서 해금을 구입했다.

그렇게 몇 년이 지난 후 지역 공연장에서 학원 수강생들과 함께 연주할 수 있는 자리가 마련됐다. 나에겐 첫 연주회였지만, 코로나19로 인해 공연이 취소됐고 학원 수업에도 제약이 생겼다. 하지만 이제는 엔데믹을 맞아 다시 연주회가 늘어나고, 연습도 열심히 할 수 있게 됐다. 처음에는 그저 음색이 좋아 배우게 된 악기인데, 연주회를 꿈꾸는 취미가 됐다.

언젠가 해보겠다고 생각만 해온 일이 있다면 한번 도전해보는 것이 필요할 것 같다. 몰랐던 것들을 알게 되고, 생각지도 못했던 꿈만 같은 일들이 생길 수 있으니 말이다.

나는 글쓰기가 취미가 될 줄은 몰랐다. 디자인을 전공했기 때문에 이미지와 영상 작업에 필요한 홍보 문구나 보고

서 작성법을 고민해 본 정도이지, 글에 대해서는 깊이 생각해 보지 않았다. 디자이너로서 창작의 고통을 잘 알기에 글을 쓴다는 것은 나와 멀게만 느껴졌다. 그러다 메시지에 대한 욕심이 생겼고, 개인적인 감정 표현도 잘하고 싶어 글쓰기를 배우게 됐다.

몇 년 전 웹소설 작성에 대한 강의를 들었다. 그전까지 나는 웹소설을 한 번도 읽어본 적이 없어 강사가 추천해 준 유명한 작품들부터 접했다. 웹소설 장르는 판타지를 비롯해 로맨스, 무협 등이 있는데, 웹소설 작성을 실습하기 전에 대표작들을 읽으며 장르를 정해야 했다.

나는 역사를 잘 알지 못해서 역사물에 자신이 없었고, 주인공이 누군가와 싸우는 일이 낯설고 마음이 불편해 무협도 맞지 않았다. 또, 게임을 많이 해보지 않아 무기 이름을 정하는 것도 어려워서 헌터물, 게임물도 불가능했다. 그렇게 해서 남은 장르는 현대 판타지와 로맨스 정도였다.

장르를 정하고 나면 그에 걸맞는 주인공의 이름이나 성격 등을 설정해야 한다. 그리고 주변 관계들도 기획해 여러 사건에 대한 이야기를 전개해 나간다. 처음에는 현대 판타지 장르로 글을 썼는데, 여러 주제를 생각하다가 모르는 이야기를 사실처럼 풀어낼 자신이 없어서 내가 아는 분야로 해보기로 했다. 내가 아는 내용을 쓰는 것은 처음에는 어렵지 않았지만, 이야기가 전개되면서 점점 상상력을 발휘하기 힘들어졌다. 주인공이 현실적인 상황을 뛰어넘어 문제를 해결하는데, 내가 미리 생각해 둔 주인공의 능력과 앞으로의 이야기가 이어져야 했기 때문이다.

이후에 로맨스 판타지 장르의 글도 써보게 되었는데, 표현에 있어 무협과 같은 다른 장르보다 더 세심하게 신경을 써야 했다. 그러나 어렵지는 않았다. 귀엽고 사랑스러운 상상을 하며 글로 표현하는 것이 재미있었다.

그러다 접하게 된 것이 에세이였다. 인스타그램에는 예쁜 사진만 올리는데 반해 에세이는 나의 일기장을 그대로 보여주는 느낌이다. 주기적으로 글을 쓸 일이 생기니 평소에 하던 취미나 일상적인 일들도 곰곰이 돌이켜보게 됐다. 내가 먹은 특별한 음식이 무엇이 있었는지 떠올려보고, 쉬는 것이 무엇인지 나 자신에게 물어보기도 했다. 나의 이야기를 전하기 전에 먼저 내가 어떤 사람인지도 생각해 보게 되었고 그 생각을 따라 나를 소개하고 이야기를 글로 전한다는 것이 낯설고 흥미로웠다. 내가 가장 잘 아는 나의 이야기인데도 글로 보면 또 새로웠다.

책 한 권을 쓰는 것도 아니어서 그렇게 대단한 일이라고 생각하지 않았는데 막상 글을 쓰려고 하다 보니 소재가 마땅치 않을 때도 있었고, 어떤 날에는 갑자기 떠오른 생각에 이야기가 쏟아져 나오기도 했다. 적합한 단어가 떠오르지 않으면 답답했고, 어떤 생각이 떠올라도 그 이야기가 내용과 어울리지 않으면 고민이 됐다.

머릿속에서 오만가지 생각이 들 때마다 내용을 쓰고 고치면서 글 쓰는 일이 디자인과 비슷하다는 생각이 들었다. 회사에서도 영상이나 이미지로 여러 시안을 만들며 밤새 수정작업을 했었기 때문이다. 그림을 보는 사람마다 생각이 다 다르듯이, 글쓰기도 그저 더 나은 것을 찾아내는 작업일 뿐 분명한 답은 없었다.

그렇게 하나씩 에피소드가 정리되면 완성된 스토리는 나의 특별한 여정이 되었다. 하루를 사는 것이 눈 뜨는 일이나 숨 쉬는 것처럼 당연한 것 같았지만, 하나씩 돌이켜보니 당연한 것은 하나도 없었다. 나의 인생 하나하나에 특별함과 감사가 더욱 커지곤 했다. 소소한 이야기가 초라하지는 않은지 고민되기도 했지만, 별것 아닌 일상도 특별한 일로 남겨둘 수 있게 됐다. 누구에게나 있을 수 있는 일이 나에게는 행복이기에 공감하는 모든 이들과 이 행복을 나누고 싶다.

자취방으로부터의
사색

윤성민[7]

막연하게 혼자 사는 삶을 꿈꾸던 때가 있었다. 사회적 인정과 경제적 여유 속에서 자유로운 삶을 주체적으로 영위해 나가는 '성공한 남자'의 생애에 있어 '혼자 사는 것'은 기본적인 통과의례라고 생각했다. 비록 내가 꿈꾸던 모습의 독립생활은 아니게 됐지만, 그때의 상상이 철딱서니 없다기보다 발칙하고 귀여워 보이는 까닭은 지금의

7　윤성민 : 30대 직장인이다. 특별할 것 없는 환경에서 커 왔고, 이제는 혼자 가구를 꾸려 직장생활을 하고 있다. 최근에는 평범했던 삶 속에서도 치열했던 때를 떠올리고, 그때를 곱씹으며 앞으로의 자신에 대해 진지하게 고민하는 일상을 보내고 있다. 앞으로도 평온한 삶이기를 바라면서.

삶에서 느끼고, 배우며, 만족하는 것들이 제법 많기 때문일 것이다.

'혼자'의 시간을 보내다 보면 망상과 잡념을 포함한 여러 생각들에 파묻히곤 한다. 어떤 유명한 철학자는 "생각하므로 존재한다."라고 얘기했지만, 가끔 보면 나에게 있어 '생각'은 존재 이유가 아니라 삶의 결과물인 것만 같다. 그러다 문득, 내 삶의 결과물을 누군가에게 보여주고 싶단 '멋쩍은 생각'을 했다. 마치 어린아이가 미술 시간에 열심히 만든 찰흙 모형을 집에 돌아가 자랑하는 모양새라고 하면 비슷할까? 다른 이에게 가르침을 주거나 깨달음을 주고 싶어서도 아니고, 그럴 수 있을 만큼 멋진 생각도 아니다. 그저 흔하디흔한 존재들로부터 내가 느꼈던 나만의 생각들을 하나씩 늘어놓고 싶어 몇 자 적어 본다.

알코올, 영원한 친구이자 적에 대하여

술을 처음으로 입에 댄 것이 언제인지 잘 기억나지 않지만, 내 의지로 술을 처음 마셨던 것은 고등학생 때였다. 그 이유야 흐릿해져 버렸지만, 그때 나름의 고민과 걱정들 때문에 방과 후 냉장고의 맥주 한 캔을 몰래 집어 들고 아무도 모르게 베란다로 나가 재빨리 입으로 털어 넣어 버렸다. 술이 고민을 해결해 줄 수 없다는 걸 깨닫게 된 건 조금 더 먼 훗날의 얘기지만 말이다.

그 후에 마음만 먹으면 언제든 술을 마실 수 있는 나이가 된 때부터, 술은 내 삶과 떼려야 뗄 수 없을 만큼 엉겨 붙게 됐다. 어색하고 긴장되던 대학 신입생 모임, 이성과의 첫 만남, 오랜 친구들과 편한 모임, 갑갑한 직장 회식 자리, 점점 익숙해지는 장례식 등 크고 작은 일에는 언제나 술이 있었으니, 술은 내 삶에서 비록 주연 배우는 아닐지라도 강한 인상을 남기는 조연 배우임은 확실하다.

혼자 사는 지금, 술자리의 빈도와 음주량은 이전보다 크게 줄었을지 몰라도, '혼자' 술을 마시는 날은 늘었다. 다만 혼자 하는 술자리여도 그 규모와 형태는 조금 더 우아하게(?) 진화했다. 어릴 때 친구와 고민을 나눌 때처럼 과자 몇 봉지에 소주를 들이켜는 우악스러운 일은 이제 찾아보기 힘들고, '비교적' 잘 차려진 음식에 맥주, 와인, 위스키를 곁들이는 것이 대부분이다. 어떤 이는 혼자 술을 마신다는 나를 보며, "혼자 술을 마시는 건 너무 처량해 보여서 싫다." "혼자서는 재미가 없어서 술맛이 없다."라는 얘기를 하곤 한다. 그 말에 공감하지 못하는 건 아니지만, 그런 말을 듣고 나면 뭐라도 된 양 우쭐대며 "너희가 혼술의 낭만을 모르는 것"이라고 대답하곤 한다.

　퇴근 후의 술 한 잔은 치열했던 하루로부터의 해방감을 느끼게 해 준다. 만약 그날이 금요일이라면 그 해방감은 치열했던 한 주로부터의 해방감으로 증폭된다. 게다가 그 장소가 집이라면, 막차 시간이니 택시비니 귀찮은 것들로부터도 자유로워지니 금상첨화가 아닐 수 없다. 그렇다고 '집'에서 '혼자' 술 마시는 데 집착하는 건 아니다. 아주 가끔, 잠실대교 아래 벤치에 앉아 맥주를 한 캔씩 즐길 때도 있는데, 한강까지 가는 것이 만만치 않은 일이지만, 햇빛도 그늘이 있어야 밝고 눈이 부신다고 했다. 도착 후, 영롱하다 못해 몽환적이기까지 한 도시의 불빛 아래 맥주 한 모금은 나를 감상적으로 만들기에 충분하다.

　이렇게 얘기하고 나니 무슨 음주 찬양론자 같지만, 사실 매일 술을 마신다거나, 폭음을 즐기는 것은 단연코 아니다. 따지자면 음주 자체에는 회의적인데, 8년여 전쯤 매일 맥주 한 캔씩 마시는 버릇을 잘못 들여 체중이 10kg 쪘던 기억, 소중하디소중한 토요일 하루를 숙취에 시달리며 침대에 묶여 있던 일, 취한 행인에게 이유 없는 시비를 당했던 때를 떠올려 보면 술은 애증의 대상이라고 보는 게 맞겠다. 그리고 무엇보다도, 술은 결국엔 건강을 좀먹는 존재라는 걸 모를 만큼 바보는 아니다.

크게 본다면 술은 나에게서 세 가지를 앗아가는데, 첫째
는 '시간'이다. 여기에서의 시간이란 술을 마시는 동안 소
요되는 물리적인 시간과 숙취로 인해서 우발적으로 낭비
되는 시간뿐 아니라, 눈에 보이지 않지만 인간에게는 가장
큰 공포인 질병과 노화로 인한 상대적인 '수명'까지 포함
한다. 둘째는 '돈'이다. 애석하게도 돈은 삶에서 꽤 큰 영
향력을 가진 것이므로, 술로 인해 적정 수준 이상으로 낭
비되는 술값, 택시비 등은 삶에 직접적으로 파급력을 미친
다. 마지막으로는 '절제력'인데, 절제력이 부족함으로 인
해 앞서 말한 것들을 술에 빼앗기는 것이겠지만, 동시에
술 때문에 절제력 자체를 잃기도 한다는 점에서 끔찍한 악
순환이 아닐 수 없다.

자 그럼, 이 양날의 검과도 같은 술과는 어떤 관계가 되어
야 할까? 야구에서 투수는 모든 공을 전력으로 던지지 않
는다. 최선을 다해도 승리를 장담할 수 없는 스포츠의 세
계에서 그런 여유를 부리는 이유는 무엇일까? 단순하게
얘기하자면 체력을 비축하기 위함이고, 핵심적인 이유는
'던져야 할 때'에 던질 공의 위력이 상하지 않게 하기 위함
이다. 이것을 '완급조절'이라고 하는데, 당연하면서도 전

략적인 행동이라고 할 수 있겠다. 이런 절제의 미학을 내 일상에, 그것도 그냥 단순히 술 마시는 일에 끌어들이는 것이 무척이나 민망하지만, 나는 결국 '술 마시는 삶'에도 완급조절이 필요하다는 결론에 다다랐다.

나는 혼자 살기 때문에 술을 마시는 것이 비교적 자유롭지만, 그만큼 무분별한 음주에 쉽게 노출될 수도 있다(사실 노출됐다). 그래서 술이 필요할 때를 정확히 인지한 상황에서만 마셔 보겠다는 것이다. 음주가 나의 시간, 돈, 건강을 주고서 편안함과 해방감을 얻는 것이라고 한다면, 우발적인 술 약속이나 달갑지만은 않은 사회적 음주에는 소극적이고 수동적으로 행동하고, 편안함과 해방감을 맞이하기 위한 준비가 충분히 된 상태에서만 적극적이고 능동적인 음주를 하겠다는 것이다. 그럼으로써 술 앞에서 '주인처럼 행동하겠다.'는 논리인데, 사실 핑계이자 개똥철학이며 궤변인 것을 인정하지 않을 수 없다.

앞으로도 술과 끊임없이 줄다리기하며 살아가게 될 테지만, 가능하면 굳이 술을 이기지도, 그렇다고 지지도 않는 영원한 무승부인 줄다리기를 하고 싶다. 그런 안일한 생각으로 나는 또 금요일 밤에 편의점을 찾아가 냉장고에서 맥주 캔을 골라 집어 든다.

해가 싫은 건 아닌데

아침 일찍 집을 나서 한참 동안 산에 오른다. 숨 쉬는 게
지겨워질 만큼 헐떡이고 나면 어느 순간 머리 위엔 하늘밖
에 남지 않게 된다. 날이 꽤 더워지긴 했어도 아직 여름이
라 하기는 민망하다는 듯 시원한 바람이 불어온다. 햇빛은
도시의 이곳저곳을 구석구석 밝게 비춰준다. 그 무렵 내려
다보이는 도시의 풍경은 찬란하고 아름답다. 일찍 일어나
서 나오길 잘했다. 풍경이 '최고'다. 아니, 엄밀히 따지면
나는 거짓말을 하고 있다.

대체 어떤 부분에서 거짓이냐 하면, '최고'의 풍경은 아
니라는 점에서다. 사실 나에게 있어 최고의 풍경이란 낮에
는 볼 수 없는 것이다. 나는 야경을 좋아한다. 정확히는 검
푸르스름한 하늘이 점차 까맣게 물들어 가는 그 시간을 아
주 좋아한다. 만약 평생을 한 풍경만 보고 살아야 한다면
나는 주저 없이 그 순간을 선택할 것이다. 그만큼이나 나
는 야경을 좋아한다.

나는 학창 시절에도 유독 낮에 자고 밤을 새워 공부하는
것을 좋아했었고, 지금도 낮보다 밤에 하는 운전을 더 좋
아한다. 사실 진지하게 그 이유를 고민해 본 적은 없다. 누

구나 무언가를 좋아하지만 정작 그 이유만큼은 설명하기 어려운 것들이 더러 있는데 나에게는 밤이 그렇지 싶다.

밤이 나에게 주는 느낌을 굳이 묘사해 보자면 이런 것이다. 한참 업무를 하다가 머리가 복잡해지거나 생각하는 데지치면 잠시 눈을 감아 본다. 그러면 찾아오는 어둠. 사실 어두워진다고 뾰족한 수가 생기지는 않는다. 하지만 이 '사무실 속의 타조' 같은 행동을 하고 있으면 마치 마음으로 한숨을 내쉬는 것과 같이 말 그대로 '한숨 돌릴 수 있게' 된다. 보기 싫은 것들을 가려주는 어둠과 그 어둠이 가져다주는 무의식적인 여유. 내게 밤은 고단한 하루 끝에 한숨 쉴 수 있게 해 주는 시간이고, 그 점이 참 좋은 것이다.

사실 밤은 특별한 의미를 부여하지 않는다면, 누구에게나 하루에 한 번씩 공평하게 주어지는 시간적, 환경적 단순 배경일 뿐이다. 밤으로부터 조금 더 큰 여유를 받아 보기 위해서, 저녁 시간부터 잠들기 전까지의 시간을 조금 더 각별히 여기고 의미를 부여하는 일이 많다. 그 중 대표적인 것이 야경을 감상하는 방법에 대한 것이다.

그 방법은 크게 두 가지 유형으로 정의할 수 있다. 하나는 아래에서 올려다보는 것이고, 다른 하나는 위에서 내려다보는 것이다. 구체적으로는 밤거리를 거닐다가 우연히 하늘을 올려다보아 만나는 달과 별이 전자의 예일 것이고, 남산에서 내려다보는 도심의 불빛이 후자의 예일 것이다. 그 미묘한 뉘앙스의 차이는 단순히 시선의 각도에 있는 것만은 아니다. 다만 풀어 설명할 자신이 없어 조금 운치 있게 표현해 보자면, 아래에서 올려다보는 것은 어쩌면 영원히 닿을 수 없는 것들에 대한 동경이고, 위에서 내려다보는 것은 치열함으로부터 한 걸음 떨어져 있을 수 있음에 대한 안도감과 정서적 평화라는 점에 차이가 있다고 생각한다.

이 '야경 감상법'의 구체적 적용은 다음과 같다. 치열하게 야근하고 집에 돌아온 날, 잠들기 전 창문을 닫으며, 우연히 하늘을 올려다보아 마주하는 보름달. 방충망이 격자무늬를 그어 놓아서 얼핏 보면 와플처럼 생긴 달이지만, 괜히 그 하루가 뿌듯하고, 속 시원하고, 후련하다. 오늘도 '잘 살아 냈다.'는 느낌을 받고는 한다.

또, 특별한 일정 없는 일요일 저녁, 이대로 월요일을 맞이하기엔 너무나 아쉬워, 야경을 볼 수 있는 곳들을 굳이 찾아가 본다. 해가 충분히 사라진 시간, 남한산성 전망대에 올라 내려다보는 빽빽한 아파트들의 불빛. 응봉산 팔각정에서 내려다보는 강변북로 위 헤드라이트들이 만드는 빛의 강. 북악산 자락 카페에서 내려다보는 서울의 구석 마을. 분명히 내가 있던 현실 세계인데도 미니어처처럼 느껴진다. 그 풍경을 보고 있으면, 잠시 멀어져 있음에서 오는 설명할 수 없는 안도감이 마음을 편안케 한다. 나는 그렇게 야경을 즐기고, 그래서 야경을 즐긴다.

우리는 날씨 좋은 날의 경치를 보고 아름답다고 생각하지만, 해를 직접 쳐다보며 아름답다고 말하지는 않는다. 하지만 밤하늘의 달과 별을 보면서는 아름답다고 말한다. 또한 낮에는 햇빛 덕에 볼 수 있는 것이 많지만, 밤에 달빛과 별빛의 힘만으로 볼 수 있는 것은 상대적으로 많지 않다. 그래서 밤에 빛나는 것은 어둠과 대비되어 더 아름답게 보인다. 불꽃놀이를 낮에 본다고 하면 얼마나 맥 빠지는 얘기겠는가. 나는 낮과 밤의 이런 차이에서 다소 억지스럽게도 '살아갈 용기'에 대해 생각해 본다.

최근에 석가모니의 명언이라고 소개된 한 구절을 봤다. "다른 사람과 나를 비교하지 말라, 태양과 달을 비교할 수 없듯이 사람도 모두 각자의 시간에 빛난다." 비교하며 상처받기를 잘하는 내게 울림을 주는 말이었다. 가끔 인생이 끝없는 어둠의 터널을 지나고 있다는 생각이 들어 좌절할 때가 있다. 그럴 땐 속절없이 깊은 밤하늘이 공허하게 느껴지기만 한다. 그 가운데서 무심한 듯 자리한 달을 본다. 사실 달은 스스로 빛날 수 없는 차디찬 돌덩이다. 그럼에도 달이 밤하늘에서 가장 밝게 빛나고 있는 것은 태양의 빛을 반사해서이다. 태양이 될 수 없어도 좋다. 스스로 빛날 수 없어도 좋다. 하지만 내가 빛날 시간은 반드시 온다. 원하든 원치 않든 낮은 가고 밤은 오기 때문이다. 그런 달을 보며 살아갈 용기를 내 본다. 물론 누군가에겐 너무 진부하고 따분하며 고리타분한 얘기일 수도 있고 지독한 낙관론일 수도 있다. 그렇다면 오히려 진심이 닿았다고 생각한다.

시네마 원룸

영화관 푯값이 이전보다 많이 비싸졌다고는 하지만, 요즘의 물가를 생각해 보면 그래도 아직은 영화관에 가기를 주저할 정도는 아니지 싶다. 게다가 요즘엔 OTT 구독 서비스를 통해 영화를 찾아보는 일도 그전보다 훨씬 쉽게 할 수 있어서 나처럼 혼자 사는 사람에게 영화관람은 꽤 접근성 좋은 문화생활이라고 생각한다.

나는 이력서나 자기소개서 '취미' 란에 '영화 감상'을 적어 내는 평범한 사람이다. 그러면서도, 그 때문에 '특색 없는 사람으로 비치면 어떡하나?'라고 걱정하는 소시민이기도 하다. 하지만 '진짜 취미라고 할 만한 건 이것뿐인데 뭐 어때?'라고 생각하는 걸 보면 영화를 좋아하는 건 확실하다. 어디까지나 취미의 영역이기에 전문적인 지식을 갖췄거나 날카로운 분석력을 갖고 있는 것은 아니지만, '방구석 영화평론가' 놀이 하는 데에서 묘한 예술적 쾌감을 느낄 줄 아는 사람인 것이다.

생각해 보면 꽤 어려서부터 영화를 접해 왔다. 초등학생 시절에는 한 친구가 빌려온 비디오테이프로 학급 전원이 영화를 단체 관람한 적도 있었고, 이따금 부모님 덕에 자동차 극장에서 영화를 보기도 했다(그 시절 승용차 뒷좌석에 누워서 봤던 영화가 그 유명한 해리포터 시리즈였다). 하지만 본격적으로 영화에 확실한 흥미를 갖게 된 건 오래전에 TV에서 방영하던 영화 프로그램 덕분인 것 같다. 이불을 뒤집어쓴 채로 작고 흐릿한 브라운관을 통해 봤던 영화가 20년도 더 지난 지금에서도 내 인생 최고의 영화인 걸 보면 말이다.

열 살이나 됐었을까? 평소대로라면 잠이 들었어야 할 시간이지만 그날은 주말인 덕택에 늦게까지 TV를 볼 자유가 주어졌다. 마침, 부모님은 먼저 주무셨던 터라 나를 막을 수 있는 사람은 없었고 덕분에 < 인생은 아름다워 >를 처음부터 끝까지 볼 수 있었다. 영화는 극단적인 폭력 앞에서 아들을 지켜내기 위한 아버지의 희생과 사랑에 관한 내용이 주를 이룬다. 내용 전개에 해학적인 요소가 일부 가미되어 있고 그 요소들로 인해 그 희생과 사랑이 더욱 두드러져 보이는 특징을 갖고 있다.

지금에서야 조금 컸다고 영화의 핵심 주제를 파악하고 그 주제를 표현하기 위한 여러 장치들을 어렵지 않게 발견할 수 있지만, 어렸던 그때의 나는 사실 아무것도 모른 채로 영화를 봤을 것이다. 하지만 영화에 감동해 이불 속에서 한참 눈물을 흘렸던 기억이 난다. 영화가 주는 메시지 자체에 감동한 것이다. 이 얼마나 순수한 예술적 감정일까?

그 영화는 언제든 다시 볼 수 있지만, 그때 그 순수했던 감정을 다시 느끼고 순진한 눈물을 다시 흘리는 것은 영원히 불가능할 것 같다. 그래서 나는 < 인생은 아름다워 >를 인생 최고의 영화로 꼽으면서 동시에 그 시절이 내가 가장 완성된 관객이었던 때라고 생각한다.

이제는 TV를 통해 영화를 소개받을 일이 거의 없어, 내가 볼 영화는 직접 골라야만 한다. 이 점이 꽤 큰 고민거리인데, 마치 급식으로부터 졸업해 매일 점심 메뉴를 고민하는 직장인의 고민과도 같다. 영화를 고르는 데 있어 특별한 기준은 없지만 그래도 일주일에 두 편 정도 영화를 골라 보면서 어느 정도 나만의 성향을 발견했다. 명작이라고 일컬어지던 과거 영화 중 포스터가 흥미롭거나 제목에 호기심이 생기는 작품들을 골라 보는 것이다.

그런 성향답게, 최근에는 1980~90년대 홍콩 영화를 즐겨 보고 있다. 영화 속 네온 간판, 유럽식 건물의 풍경은 지금과는 사뭇 다를 것이고, 기술적 한계 때문에 화질이나 음질이 지금보다 못한 것은 사실이다. 하지만 분명 그 풍경은 그 시절에 실제 존재했었기에 지금은 마치 현실 속 판타지처럼 느껴진다. 게다가 우리나라에서도 인기였다는 그 시절 유명 배우들의 투박한 듯 세련된 연기를 보고 있으면 몽환적이기까지 하다. 나도 그 시대를 살아보고 싶다는 생각이 조금씩 생길 정도다. 이렇듯 최근의 내 일상은 살아본 적 없는 시대를 보며 감동하는 재미로 보내고 있다.

2015년에 친구와 홍콩으로 여행을 다녀온 적이 있었다. 홍콩을 여행지로 선택했던 것은 영화 < 중경삼림 > 때문이었다. 영화에서 양조위가 홍콩 노점을 배경으로 서 있던 장면이며, 청킹맨션, 미드 레벨 에스컬레이터는 홍콩에 대한 나의 호기심을 자극했다. 실제 홍콩에 도착해 보니 빨간 택시들이며, 야시장 불빛이며, 불꽃놀이 같은 네온사인 간판 풍경이 영화 속 그것과 똑 닮아 신기함을 넘어 감동까지 느꼈던 기억이 난다. 하지만 여행 자체만 두고 본다면 살인적인 무더위와 숙소 문제 때문에 썩 유쾌한 여행이었다고는 할 수 없는데, 이럴 때 보면 영화 속 세상은 닿을 수 없는 판타지로 남을 때가 가장 아름다운 것이구나 싶다.

물론 가끔은 혼자 영화를 봤다는 사실에 아쉬울 때가 있다. 영화를 보고 영화 속 대사, 장면, 분위기, 연출 요소들에 대해 다른 사람과 얘기하는 것은 내게 꽤 큰 즐거움이기 때문이다. 다른 사람과 영화를 본다면 영화관을 나오며 자연스럽게 그 여흥을 만끽하겠지만, 혼자 사는 지금에는 그럴 일이 거의 없다시피 하다.

사실 다른 사람에게 영화를 같이 보자고 하는 게 어색하고 민망해질 시기가 될 때도 됐다. 그건 '나의 취향을 누군가에게 강요하고 있는 것은 아닐까?' 하는 소심한 배려이기도 하고, 내가 원하는 시간과 장소에서 내가 원하는 것을 하고 싶은 능동적인 이기심이기도 하다. 한편으로는 내가 그만큼 이 사회에 잘 적응한 어른이라는 방증일지도 모른다. 하지만 겪어보지 못한 일에 대한 막연한 향수는 아

니기에, 그때의 즐거웠던 추억을 기억하며 지금의 진한 고
독을 즐긴다. 이러나저러나 인생은 아름다우니까 말이다.

기대에 기대어

우리는 기대어 산다. 혹자는 사람 인(人)자가 등을 맞대
고 기대어 있는 사람의 모습으로부터 따온 글자라고도 한
다. 사람은 결국 기대어 살아갈 수밖에 없는 존재라는 것
이다. 나를 포함해 혼자 사는 사람은 많지만, 진정으로 혼
자 살 수 있는 사람은 아마 없을 것이다. 사람인 이상 좋든
싫든 인간관계라는 파도에 휩쓸릴 수밖에 없다. 학교에서
든, 직장에서든, 석 달에 한 번씩 찾아오는 가스 검침 같이
사소한 이벤트라도 말이다. 그런데 요새 자기 계발과 관련
한 유튜브 영상을 보다 보면 "모든 문제는 인간관계로부
터 비롯된다."라는 말을 들을 때가 있다. 정말 '모든' 문제
는 아니겠지만 인간관계로부터 비롯된 문제들에 크게 동
요하는 사람이 많다는 점에서 동의한다. 물론 나도 그랬
고, 그러는 중이다.

한편으로, 우리는 기대 속에 산다. 거창한 기대가 아닐지
라도 말이다. 내 건강에 대한 가족들의 기대, 결혼식에 와
주길 바라는 친구의 기대, 월세가 밀리지 않기를 바라는

집주인의 기대들 말이다. 우리는 타인의 기대에 부응하려고 노력하기도 하고, 그 기대에 부응하기 위한 노력의 과정에서 좌절하기도 하며, 때로는 엇나가 기대 자체가 없었던 것처럼 행동하기도 한다. 또렷한 주관 없이 타인의 기대만 바라보고 달리다 보면 정체성이 길을 잃는다. 하지만 타인의 기준을 무작정 무시할 수도 없는 노릇이다. 사회적으로 요구되는 기준이나 문화, 정서와 같은 거창한 것에 대해 말하려는 것은 아니다. 눈치 보고 살 수밖에 없는 이유. 우리가 모두 사람(人)이라서가 아닐까?

그리고 우리는 스스로 기대하며 산다. 사람이 살아갈 수 있는 원동력 중 하나는 '기대'라고 생각한다. 내일이 어제보단 나을 것이고 10년 뒤 나는 적어도 오늘보다는 나을 것이라는 미약한 기대나 아니면 내일도 오늘만큼만 같겠거니 하는 소심한 기대들 말이다. 문제는 노력 여하와 무관하게 어떤 기대는 우리를 배신하고 그보다 더 큰 실망과 좌절로써 나를 몰아붙인다는 것이다. 그러나 우린 포기 — 포기할 타이밍을 놓친 것까지도 포함해서 — 하지 않고 살아간다.

그렇다면 나는 어떠한가? 나는 사실 영화나 드라마에서나 볼 법한 부담스러울 정도로 큰 기대를 받아본 적이 없다. 아마도 부담을 주기 싫었던 가족들과 주변 사람들의 배려였을 것이라고 짐작해 본다. 그럼에도 나는 다른 사람의 기대에 부응하기 위해 허우적댔다. 항상 인정받고 싶었고, 인정받음에 행복을 느꼈다. 지난날을 돌이켜 보면, 그 누구도 내게 기준선이나 결승선을 그어준 적이 없지만 나는 보이지 않는 그 '선'을 넘기 위한 스트레스와 싸워 왔다.

20년도 더 전에 나는 선생님의 질문에 가장 먼저 손을 들고 대답하는 산골 마을의 학생이었다. 가끔 명쾌하게 대답을 하고 나면 색연필이니 스케치북이니 상품을 받곤 했다. 순수했던 그 시절의 친구들은 감사하게도 나를 시샘하거나 질투하기보다는 부러워하고 대단하다고 치켜세워 줬다. 아직 성적과 같이 수치화된 지표들로 스스로 저울질하지 않던 그때의 나는 친구들에게 인정받고 인기 있다는 사실만으로 자신감 넘치는 하루하루를 보내고 있었다.

하지만 자신감이란 석탄과도 같은 것이다. 타오르며 증기기관차를 힘차게 달려 나가게 하면서도 본의 아니게 새까만 숯 검댕을 칠하기도 한다. 열 살 무렵의 내 순진무구한 얼굴에는 어두운 기색이 드리울 날이 없었다. 친구들 사이에서 인기가 나쁘지 않아 반장도 몇 번 했었고, 공부도 크게 부족하지 않아 1등을 해보고는 했었다. 그러던 와

중에 집안 사정으로 전학을 가게 됐다. 심지어 한 번도 아니고 2년 간격으로 두 번이나 전학을 가게 됐는데, 문제는 사춘기 시절의 전학이 이전과 달리 기대되거나 신나는 일이 전혀 아니라는 점이었다. 처음 보는 사람들의 관심이 내게 집중된다는 것이 그때의 내겐 엄청난 부담이었다. 튀는 사람이 되기 싫어 눈치 보기 바빴고, 어떻게든 인기 있는 친구들과 친해져 무리에 속하고자 노력했다. 나라는 동물은 생태계에서 살아남기 위한 발버둥으로서 그 방법을 택한 것이다.

그렇게 시간이 지나 학교생활에는 적응했지만, 문제는 성격이 완전히 뒤바뀌게 됐다는 것이다. 발버둥의 결과, 소위 말하는 '잘 나가는 무리'에 힘겹게 속하게 됐지만, 그들은 내게 친구라기보다 윗사람 같은 존재들이었고, 그런 불편한 관계에서 오는 스트레스를 모두 담아 내기에 내 그릇은 너무 작았다. 결국 나는 위축된 삶을 살았고, 등하교와 같이 어쩔 수 없이 해야 하는 일 외엔 뭐 하나 능동적으로 해내질 못했다. 누군가의 권유나 도움, 강제가 없으면 아무것도 하지 못했고, 방학이 되면 잠수함이 되어 핸드폰을 끈 채로 한 달 내내 집에서 나오지 않기도 했다.

그 무렵 위축된 삶 속에서 생긴 버릇이 하나 있었다. 쉽게, 그리고 아예 포기하는 버릇이다. 무언가를 할 때 항상 욕심을 숨기고 마치 겸손한 사람인 척 "내가 어떻게 해?"라는 말을 입에 달고 살았다. 사실 그렇게 말하면서도 스스로에게는 실망감이 역력했다. 잘 해내고 싶었고, 잘할 수 있을 것 같았지만 잘 해내지 못하는 것이 두려웠다. 지금의 자신감도 과거와 같길 바랐지만, 실패로부터 비롯될 타인의 실망이 무서웠다. 그래서 그 '기대의 선'을 조금이라도 넘지 못할 것 같다는 생각이 들면 아예 시도조차 하지 않게 된 것이다. 흉작이 두려워 씨조차 뿌리지 않는 농부가 있을까? 그때의 나는 그런 '어긋난 완벽주의 강박증'을 가진 농부가 되어버리고 만 것이다.

그런 학창 시절을 보낸 후 대학에 가게 됐다. 성인으로서, 대학생으로서의 내 기대는 대학 생활을 통해 진정한 친구를 만나고 잃어버린 내 성격을 되돌리는 데에 있었다. 이런 기대를 품을 수 있게 해 준 계기는 대학 입학 과정이었다. 사실 고교 시절의 내 학업성적은 눈에 띄게 좋은 편이 아니었다. 그래서 단순히 성적으로 승부를 보는 것보다는 글 쓰는 능력을 보여주는 것이 더 낫겠다는 생각을 종종 했다. 그러던 차에 막연히 지원했던 대학에 논술 전형으로 합격했다. 물론 이전부터 스스로 글을 읽고 쓰는 재주가 없지는 않은 편이라고 생각했었다. 그런데 이 막연하고 근거 없는 자신감이 우연히 뭔가 이뤄내는 데 기여한 것이다. 이 일련의 과정을 명쾌하게 풀어낼 수는 없지만, 이 사건은 내게 '하면 잘할 수 있잖아?'라는 생각을 갖게 해줬고, 자신감 회복의 신호탄이 되어 주었다.

이런 자신감으로 초석을 쌓고, 새 친구를 사귀는 데 온갖 심혈을 기울이던 나날들이었다. 어떻게 하면 내 단점을 감추고 장점만을 사람들에게 보여줄 수 있을지에 대한 고민을 계속하고 있었다. 하지만 졸업을 앞둔 무렵에 내게 남은 사람들은 오히려 내 장점만을 보고 남아준 사람들이 아니었다. 사실 정말 어렵고 복잡한 것이 인간관계라고들 하지만, 생각해 보면 그 논리는 원초적이고 단순하다. 내가 누군가의 장점만을 보거나 단점만을 보는 것이 아니듯, 상대방도 그럴 것이라는 기대를 미처 간과한 것이다.

지금의 내 생각은 이렇다. 친구의 좋은 면과 나쁜 면이 있을지언정, 좋은 친구와 나쁜 친구를 가르기는 어렵고 (심지어 친해지기도 전에는 더욱), 애초에 나쁜 친구가 친구의 범주에 깊이 포함될 수 있는지도 조금은 의심스럽다. 좋은 점만을 타인에게 보이고 싶었던 나지만, 사실 친구들은 그냥 내가 좋아서 친구가 되었고 친구로서 남아준 것이다.

그 친구들에게 참으로 감사한 것은 내가 이전과 같이 겸

손한 척 연극을 하고 있더라도 '있는 그대로의 나'를 보려고 했다는 점이다. 첫술에 배부르진 못했지만, 계속되는 친구들의 진정성 있는 모습에 나는 말 그대로 '무장 해제'됐다. 내 단점을 여과 없이 보여줄 수 있는 친구들이 생기고, 그들과의 교감을 통해 내 부담을 내려놓게 되는 경험을 하며, 나는 비로소 기대는 법을 배웠는지도 모른다.

부담으로 변하지 않는 기대는 그 자체로 즐거움이요 스릴이다. 기대는 믿음이 받쳐줄 때 만개할 수 있는 것이므로, 스스로에 대한 믿음이 든든하게 받쳐주는 기대는 만용이 아닌 용기라고 생각한다. 하지만 아무리 뛰어난 마라톤 선수라도 지치지 않은 채 결승선을 끊어 낼 수는 없기에, 우리는 어딘가에 기댈 줄 아는 지혜가 필요하다. 기대를 즐길 줄 알고, 기대할 줄 알며, 기대어 살아가는 삶을 살고 싶다.

제2장

혼자
사는데
이런 것쯤이야

혼자
챙겨 먹는 집밥

남윤지[8]

여느 때와 다르게 정시에 퇴근한 특별한 날이었다. 저녁 준비할 시간까지 여유가 생겼으니 지하철에서 내려 바로 동네 마트로 향한다. 가판대 앞에 펼쳐진 신선한 과일과 야채들을 보면 삭막한 서울이 아니라 사람 사는 동네구나 싶다. '대(大) 1인 가구' 시대라고는 하지만 여전히 저녁 시간 마트에는 장 보러 온 어머니들이 대세다. 1인분 치 저녁 재료만 필요한 나는 마트 바구니를 들고 입장할 필요

---

8   남윤지 : 혼자만의 시간이 남들보다 많이 필요한 내향형 인간이다. 주말엔 집에서 아무것도 하지 않는 것이 스스로와의 약속이라 누군가 주말 약속을 잡고자 하면 곤란하다. 사람들과 부대끼지 않으면서 살기 위한 방법을 고민하고 있다.

도 없다. 야채코너를 지나 과일 코너에 도착했다. 마트에 가면 가장 유심히 살펴보는 코너다.

어릴 때부터 과일을 좋아한 터라 비록 자취를 하고 있어도 냉장고에 항상 과일을 구비해놓는 편이다. 물론 껍질이 최소한으로 나오는 과일로 말이다. 무엇보다 한 번에 소량으로 구매할 수 있는 품목이면 좋다. 이런 조건을 완벽하게 충족하는 건 바로 블루베리다. 아니나 다를까 블루베리 100g짜리가 3팩에 만 원이다. 복잡한 계산 할 것 없이 온라인보다 절반 이상으로 저렴하다는 걸 깨닫는다. 하지만 더 중요한 계산이 남아있다. 혼자서 블루베리 300g을 음식물 쓰레기통에 버리기 전에 다 먹을 수 있을까?

첫 번째 알람을 끄고 일어나는 날엔 아침으로 그릭요거트 세 스푼과 블루베리 한 줌을 작은 통에 담아 회사에 가져간다. 100g이면 서너 번 나눠 먹는 분량이다. 그렇다면 300g은 아침 10끼 정도 분량이라는 계산 결과가 나온다. 과일은 보통 1주일에서 길게는 2주까지도 보관할 수 있으니, 매일 아침을 먹는다고 생각하면 충분해 보인다. 하지만 대부분의 날을 간신히 지각하지 않는 마지막 알람까지 듣고 난 뒤 일어난다. 머리가 아파온다. 더 이상 경우의 수를 계산하고 싶지 않다. 일찍 퇴근해서 기분도 좋겠다 '복잡한 생각하지 말자.'며 블루베리를 들고 계산대로 향한다.

1인 가구로 살며 장을 본다는 건 골치 아픈 일이다. 특히 야채나 과일, 생고기나 생선 같은 신선식품을 구매하는 것이 가장 큰 고충이다. 마트에선 묶음판매가 일반적이니 재료 하나하나 구매하는 일이 부담으로 다가올 때가 많다. 왜 아직도 마트에선 외국처럼 바나나를 낱개로 1개씩 살 수 없으며, 생선 한 토막씩 파는 곳은 없는 걸까 의문이 든다. 물론 온라인이나 편의점에서 소포장된 신선식품을 구매할 수 있지만, 어째서인지 양이 절반으로 줄어도 가격은 절반으로 줄지 않는다.

'냉동인간'이 되다

RPG 게임을 하다 보면 마법사든 검사든 생존을 위해 요리 스킬은 필수로 배우게 되어있다. 현실에서도 마찬가지다. 내가 요리 스킬을 습득하게 된 계기 또한 생존을 위한 것이었다. 대학교 4학년을 앞둔 겨울, 친구들이 대외 활동과 취업 준비로 바쁘게 스펙을 쌓아갈 때 나는 뒤도 돌아보지 않고 뉴질랜드로 워킹홀리데이를 떠났다. 내 대학 생활은 알바와 여행의 연속이었다. 어차피 여행하려고 모으

는 돈인데 시급이 높은 나라에 가서 돈도 모으고 여행도
하면 좋겠다 싶었다.

뉴질랜드는 최저임금 수준이 항상 전 세계 최상위권을
유지하는 나라다. 인건비가 높다 보니 외식 물가 또한 높
은 편에 속한다. 반면 낙농업의 나라답게 마트에 가면 신
선한 육류나 야채, 과일들은 한국보다 훨씬 저렴하게 구매
할 수 있다. 이런 환경 덕에 어쩌면 한국보다 '집밥' 문화가
발달해 있다. 우르르 몰려 식당으로 향하는 한국의 점심시
간과는 다르게, 대부분의 직장인들이 도심 공원에서 각자
간단하게 챙겨온 도시락을 먹는다.

인간은 적응의 동물이다. 그런 환경 속에 있으니 식비
를 줄이기 위해 자연스럽게 요리해 먹기 시작했다. 게다
가 밥심으로 사는 한국인답게 한식에 대한 그리움이 요
리 스킬을 업그레이드하는 데 부스터 역할을 했다. 처음
에는 간단한 샐러드나 파스타, 스테이크를 구워먹거나 하
는, 현지 재료에 최적화된 간단한 조리에서 시작했다. 정
신을 차려보니 현지의 신선한 재료들과 한인 마트에서 파
는 각종 조미료를 총동원해 요리하고 있었다. 김치볶음밥,
김치찌개 같은 기초적인 한국인의 소울푸드부터 양념 제
조에 심혈을 기울여야 하는 닭갈비, 생선조림 같은 요리
도 해 먹었다.

요리 열정은 한식에 멈추지 않았다. 다양한 인종이 모여 사는 만큼 한국에선 먹어보지 못한 색다른 음식들을 먹을 기회가 많았다. 이국적인 요리들에도 관심이 생기면서 차슈 덮밥, 코코넛 카레 같은 외국 요리까지 도전했다. 당시 핸드폰 앨범에는 직접 해먹은 요리 사진이 수두룩했다. 무엇보다 내 요리가 적어도 내 입맛에는 맞았다. 단 음식을 좋아하지 않아서 요리할 때 설탕을 잘 쓰지 않았던 점이 포인트였다. 내심 요리에 좀 재능이 있는 것 같다는 생각을 했다.

그렇게 요리 스킬 능력치를 한껏 끌어올리고 한국에 돌아와 시간이 조금 흘렀다. 2020년, 본격적인 1인 가구 세대주 생활과 함께 오피스텔촌을 전전하기 시작했다. 그해 말부터 코로나 창궐과 함께 새벽 배송 시장이 폭발적으로 성장했고, 밀키트와 냉동식품을 전문적으로 판매하는 매장들이 동네에 줄지어 오픈하기 시작했다. 또 배달음식 수요가 증가함과 함께 텅텅 비었던 오피스텔 1층 상가들은 배달 음식 전문점으로 가득 찼다. 인간은 역시나 적응의 동물이다. 이런 환경에서는 요리 스킬 숙련도가 크게 필요하지 않았다. 만능 에어프라이어나 죽은 빵도 되살려준다는 벌뮤다 토스터 같은 다양한 아이템을 구매하는 게 생존에 더 유리하다는 걸 깨달았다.

　환경적인 변화와 함께 나의 생활에도 변화가 생겼다. 프리랜서로 일을 하기 시작하면서 평일과 주말 밤낮 할 것 없이 일하는 워커홀릭이 됐다. 대부분을 마감 시간에 쫓겨 작업 하다 보니 밥을 거르거나 미루게 되는 일이 많았다. 불규칙해진 생활패턴, 일을 벌이면서도 미루는 나의 요상한 버릇으로 항상 스트레스 충전율 99퍼센트를 유지했다. 스트레스로 인한 첫 번째 증상은 식욕 저하였다. 하루에 한 끼만 먹어도 별로 배가 고프지 않았다. 그래서 간편하게 데워먹거나 볶아먹기만 하면 되는 냉동식품들로 냉장고가 가득 차기 시작했다. 냉동 볶음밥, 냉동 삼각김밥, 냉동 밀키트, 냉동 야채, 냉동 과일… 텅텅 빈 냉장실과 다르게 항상 냉동실 자리는 부족했다. 쉬는 날이 되면 이마저도 귀찮아서 대부분 배달 음식을 시켜 먹었고 '배민 VIP'가 됐다.

　이런 생활을 3년간 지속하며 자연스럽게 요리와 멀어졌다. 핸드폰 앨범에는 배달음식 사진이 더 많아졌다. 비록 요리 스킬에는 진척이 없었지만 나의 직업엔 변화가 생겼다. 새로운 스킬들을 배워 전직을 하게 된 것이다. 평범한 인문계 고등학교, 대학교를 졸업한 내가 디자이너가 되었다.

1인 가구를 위한 소울 레시피

치열하게 20대를 보낸 후 30대가 되었고, 코로나는 종식됐고, 직업이 바뀌었고, 직장인이 됐다. 너무 치열했던 탓인지, 운동을 안 한 탓인지 건강상으로 여러 문제가 생겼다. 집순이인 데다 오래 앉아서 일을 하다 보니 허리디스크가 생겼다. 병원에서는 내 몸이 40대라고 했다. 퇴근하고 나면 기운이 없어서 아무것도 할 수 없었고 밥도 대충 때우게 됐다. 필요한 건 근력이었다. 운동을 정말 싫어했지만 살기 위해 PT를 받기 시작했다.

인바디 결과 근육은 당연히 부족했고 기초대사량이 많이 떨어져 있는 상태였다. 전형적인 마른 비만이었다. 충전해도 금방 소진되는 오래된 아이폰 배터리였다. 끼니를 거르면 몸이 비상 상황으로 인지해 영양소를 지방으로 축적한다는 사실을 알게 됐다. 지난 3년간 내 몸은 비상 상황이었던 것이다. 건강을 위해 삼시세끼 규칙적인 식단이 필요했다. 숨겨놨던 요리 스킬이 다시 한 번 활약할 시기가 찾아왔다. 1인 가구의 최약점인 야채 소비도 늘려야했다. 무엇보다 퇴근하고 찌들어 있는 저녁, 요리에 쓰는 시간과 체력을 아끼는 효율적인 레시피가 필요했다.

좋아하는 재료로만 만드는 샤브샤브가 나의 최애 메뉴였다. 맛도 있지만 수명이 다해 가는 냉장고 속 채소를 한 번에 처리할 수 있다. 본래 샤브샤브는 채소 육수에 소고기를 살짝 담갔다 먹는 게 정석이다. 하지만 여기서 집밥의 힘을 발휘해 보자. 좋아하는 재료로만 기존 레시피를 응용하면 된다! 우선 우리 집엔 휴대용 버너가 없어 끓이면서 먹는 건 무리다. 그래서 재료를 한 번에 끓여 먹는 방법을 택했다. 레시피의 핵심은 소고기 대신 돼지고기를 사용하는 것인데, 정확히 말하면 얇게 슬라이스 해서 냉동 판매하는 앞다리살 부위다. 개인적인 선호도 때문이기도 하지만 돼지고기가 소고기보다 지방함량이 적어 건강을 챙기고 비용도 아낄 수 있다. 채소는 양배추와 청경채, 느타리버섯만 주로 사용했다.

채소를 손질하기 전 냄비에 라면 한 개 양만큼의 물과 코인 육수 한 알을 넣고 끓인다. 코인 육수가 없다면 일본식 간장인 쯔유 한 스푼으로 대체하는 걸 추천한다. 이마저도 없다면 아무 간장 한 스푼만으로도 충분하다. 나는 코인 육수로 맛을 내고 쯔유 한 스푼, 참치액젓 반 스푼을 넣는다. 실제로 요리할 때는 계량은 안 하고 그냥 '쪼르륵'과 '쪼륵' 정도로 넣는다. 육수를 끓이는 동시에 채소를 준비하면 시간을 절약할 수 있다. 양배추는 치킨에 딸려 오는 케요네즈 샐러드처럼 채를 썰어준다. 가늘게 써는 부담감 없이 듬성듬성 썰어도 괜찮다. 어차피 물에 빠지면 굵기는 큰 의미가 없다. 다음으로 청경채는 밑동을 잘라 낱장으로 하나씩 뗀다. 느타리버섯도 밑동을 잘라 한 젓가락 집기 좋을 만큼 손으로 찢어준다.

이제 끓는 육수에 1인분 치 야채를 몽땅 넣는다. 꼭 여러 종류 야채를 넣을 필요는 없다. 그날그날 냉장고 상황에 맞게 넣으면 된다. 야채 숨이 살짝 죽으면 돼지고기를 먹고 싶은 만큼 위에 올리고 후추를 살짝 뿌려준다. 뚜껑을 덮고 어느 정도 끓으면 한번 뒤척여준다. 그리고 돼지고기가 완전히 익으면 완성이다. 찍어먹는 소스는 시판 소스인 '참소스'면 된다. 일요일 저녁에 해 먹으면 정말 딱인 레시피다. 야채는 바쁜 평일을 대비해 미리 손질해 놓으면 편하다. 월요일 출근을 앞두고 밀려오는 압박감을 건강하고 따뜻한 한 끼로 달래줄 수 있다.

다음으로 많이 해 먹은 메뉴는 비빔밥과 샐러드 그 사이쯤에 있는 한국식 포케다. 우선 식감이 부드러운 야채를 준비한다. 여러 가지 샐러드용 야채를 섞어서 파는 것들은 간편하지만 가격이 비싸다. 마음과 시간의 여유가 있다면 마트에서 싸게 구매할 수 있는 청상추나 로메인을 추천한다. 이 둘을 사용하면 다른 요리에도 활용하기 좋다. 그냥 고기를 구워서 싸 먹어도 좋고 샌드위치에 활용하기도 좋다. 포케용으로 상추를 겹겹이 쌓아놓고 두꺼운 채를 썬다는 느낌으로 듬성듬성 썰어준다. 손으로 찢는 것보다는 모양이 조금 세로로 긴 편이 먹기 좋아서다. 그리고 오이 반개를 한입에 넣기 좋은 크기로 썰어서 준비한다. 오이를 싫어한다면 대체 재료로 아보카도를 추천한다.

넓적하고 깊이가 있는 접시에 준비한 상추와 오이를 담는다. 그리고 간장 한 스푼, 참기름 한 스푼, 참치액젓 반 스푼을 디폴트로 넣는다. 여기에 그날의 기분에 맞게 고춧가루, 식초를 추가로 넣는다. 고춧가루를 넣으면 좀 더 한식다워지고 식초를 넣으면 좀 더 샐러드 같아진다. 숟가락으로 야채와 양념을 잘 섞어준다. 설거지가 귀찮다면 깨끗한 맨손으로 버무린다. 그리고 위에 그날 먹고 싶은 토핑을 올려준다. 나는 주로 닭가슴살이나 오리훈제, 샤브샤브용으로 사두었던 돼지 앞다리살을 추가했다. 그리고 밥 한 공기를 올리면 일단 기본 틀은 완성이다. 선택사항으로 계란후라이를 올리거나 김자반을 뿌려 먹어도 잘 어울린다.

입맛이 없거나 요리하기 귀찮을 때는 오트밀죽을 해 먹었다. 특별히 먹고 싶은 건 없지만 끼니는 잘 챙기고 싶은 날이 있다. 그럴 때 해 먹으면 좋은 레시피다. 오트밀을 구비해두면 밥을 할 때 같이 넣어서 오트밀 밥을 해 먹어도 좋고 요거트와 함께 먹어도 든든하다. 활용도가 좋고 보관 기간도 길어서 1인 가구에 정말 추천하는 재료다.

우선 오트밀 죽의 기본 형태는 물과 오트밀을 넣고 끓이다가 소금이나 간장으로 간을 하고 마지막에 계란 물을 살짝 푸는 것이다. 화룡점정으로 참기름을 살짝 뿌려준다. 여기에 때에 따라 재료를 추가해서 같이 끓이면 되는데, 나는 주로 약간의 다진 미역과 작은 참치 통조림 한 개를 넣어 먹었다. 다진 야채와 닭가슴살을 찢어서 넣어도 좋다. 꾸역꾸역 씹지 않아도 술술 넘어가고, 고소한 풍미가 마음까지 든든하게 만들어준다.

이 세 가지 레시피를 한동안 무한 반복하며 먹어왔다. 나는 꽂히는 노래가 있으면 한 곡을 반복 재생해서 질릴 때까지 들어야 직성이 풀리는 타입인데, 생활 전반이 다 그렇다. 무언가가 어느 순간 지겨워지거나 더 이상 필요 없다고 느껴지면 손절하고 싶은 순간이 오곤 한다. 때로는 그것이 음식이나 물건일 수도 있지만 사람일 수도 있다. 어르신들이 제일 싫어하는 끈기가 없는 사람이다. 그렇게 1년여 만에 회사 생활을 손절했다.

살림이 노동이 되는 순간

TV 광고를 제작하는 파이프라인의 가장 아래 디자이너 인 내가 있었다. 직장인이지만 프로젝트 마감이 다가오면 밤샘과 주말 근무가 기다리고 있었다. 이번만큼은 프리랜 서로 일할 때 겪은 불규칙한 삶의 패턴을 반복하고 싶지 않았다. 틈틈이 운동하고, 삼시 세끼 잘 챙겨 먹고, 취미생 활도 즐기고, 무리한 업무 스케줄이 있을 때는 충분히 쉬 려고 노력했다. 항상 사직서를 마음에 품고 있긴 했지만 회사도 꾸준히 다니고 싶었다.

새해를 이틀 앞둔 지난해 12월 30일, 유난히 눈이 많이 내린 토요일이었다. 연말 동안 진행하는 프로젝트 덕에 그 날도 오후에 일을 해야 했다. 연이은 야근과 주말 근무로 꽤 지쳐있었지만, 모처럼 주말의 여유를 즐기고 싶었다. 아침 일찍 일어나 운동을 다녀왔다. 취미로 배우고 있는 피아노 연습까지 했다. 개운하게 샤워를 마치고 이제 슬 슬 점심을 챙겨 먹으려던 찰나 카톡 알람이 울렸다. 급하 게 수정 요청이 들어왔다.

불행한 일은 도미노처럼 일어난다. 재택근무를 위해 원 격 시스템으로 피씨를 연결하는데 작동하지 않았다. 마음 이 초조해졌다. 빠르게 포기하고 회사에 출근하기로 했다.

엎친 데 덮친 격으로 갑자기 쏟아지기 시작한 폭설 탓에 택시가 잡히지 않았다. 이제 막 쌓이기 시작한 질퍽한 눈을 밟으며 지하철역으로 향했다. 눈 때문인지 기분 때문인지 발걸음이 무거웠다. 지하철에서 내려 우산을 폈다. 평일에는 직장인들로 가득한 강남 한복판의 거리가 무척이나 한산했다. 회사까지 향하는 높은 오르막길이 온통 흰색으로 빈틈없이 꽉 채워져 있었다.

작업을 시작하면 언제 밥을 먹을 수 있을지 몰라 사거리 스타벅스에 들러 따뜻한 카페라테와 소시지빵 하나를 샀다. 한 손에는 우산을, 다른 한 손에는 커피와 빵을 들고 신호를 기다렸다. 나무 한 그루가 유난히 눈에 띄었다. 넓게 뻗어있는 가지 위에 눈이 가득 뒤덮인 모양새가 예뻤다. 헤드셋 사이로 넬의 노래가 들렸다. 온통 흰색인 세상과 잘 어울리는 판타지적인 멜로디. 그리고 회사 앞에 다와 갈 때쯤 이런 가사가 흘렀다.

**"날이 차가워졌는데
감기에 안 걸렸을지 걱정돼"**

1인 가구로 살다 보면 퇴근해도 정말 퇴근한 게 아닌 것 같은 날들이 많아진다. 벅찬 하루를 보냈어도 집에 돌아가면 본인 스스로를 가사 도우미로 고용해 투잡을 시작한다. 그나마 나는 경력직 가사 도우미였지만, 본업의 노동시간 이 길어질수록 집안일에 힘쓸 에너지는 그만큼 줄어든다. 살림 중 가장 난이도가 높은 가사는 단연 요리다. 청소나 빨래 같은 집안일들은 주말이나 공휴일에 한 번에 몰아서 해결하는 게 가능하지만 요리는 불가능하기 때문이다. 특 히 식단을 신경 쓰는 것에 비례해 주방 살림은 더 고된 노 동이 됐다. 주기적으로 장을 보고, 재료 소분을 해야 하고, 상하진 않았는지 전전긍긍해야 한다. 설거지를 방금 한 것 같은데 뒤돌아서면 또 쌓여 있다. 기름때 가득한 주방 청 소도 해야 하고, 냄새 나는 음식물 쓰레기도 버려야 한다. 이런 날들이 쌓여 어느 순간 살림이란 게 시지프 신화 속 무한히 굴려야 하는 돌 같은 형벌처럼 느껴졌다.

그 형벌 덕분이었을까, 이유 모를 무기력감이 시작됐던 게. 이직을 결정하고 잠시 3주간의 휴식기가 생겼다. 짬 내서 좋아하는 해외여행도 다녀오고 오랜만에 친구와 가 족들도 만났다. 충분히 쉬었다고 생각했지만, 이상하게 회 복된 느낌은 없었다. 눈 오는 날 느낀 묘한 감정을 끌어안 은 채 새롭게 옮긴 회사에는 통 적응이 되질 않았다. 평소 대로 규칙적인 식단을 하고 운동도 하며 애써 외면하고 지 냈다. 그럴수록 불면증에 시달렸고 식욕이 사라졌다. 어느 날 매일같이 하던 익숙한 작업이 숨 막힌다고 느껴졌다.

　학생 시절부터 막연하게 그림을 그려서 돈을 벌어보고 싶다는 생각을 해왔다. 내가 하고 싶은 일로 먹고살기 위해 전공과는 다른 길을 걸어오면서 부단히 노력해 왔다. 그리고 원하던 대로 그림을 그리는 일이 정말 '일'이 되었다. 그리고 막상 '일'이 되니 하기 싫어졌다. 노동에서 오는 보람도, 작업에 대한 애정도 사라졌다. 목표를 이루고 나니 처음 결심할 때의 기억들은 모두 사라지고 공허함만 남았다. 살림이 형벌이 됐듯이, 내가 좋아하던 작업 또한 형벌이 돼버렸다. 돌덩이 두 개를 굴리면서 살 수는 없었다. 결국 회사를 옮긴 지 두 달여 만에 퇴사했고, 만개하기 시작한 벚꽃과 함께 기약 없는 백수 생활을 시작했다.
　무력감에 압도당해 나도 집도 엉망이 됐다. 집에 있는데도 집에 가고 싶었다. 한동안 요리할 힘은 당연히 없었고, 배고파도 별로 먹고 싶지 않았다. 간신히 하루에 한 끼 정도 먹었다. 그마저도 배달 음식을 시켜 먹거나 냉동식품들을 먹었다. 종종 달달한 디저트 류로 도파민을 충전했다. 이때 깨달았다. 1인분 치의 삶을 온전하게 살아내기 위해서는 정신이 건강해야 한다는 것을. 몸이 아프면 어떻게든 더 챙겨 먹으려고 할 텐데, 정신이 아프니 내가 나를 챙기지 못하고 있었다. 평소에 즐겨 읽던 심리학책들도 별 도움이 되지 않았다.

문제를 해결하고 싶었다. 그토록 하고 싶던 일이지만 더 이상 하기가 싫었고, 앞으로 뭘 해 먹고 살아야 할지 정답을 찾고 싶었다. 거지같은 회사 생활은 고통스럽지만 어떻게 하면 그나마 할 수 있을지, 어떻게 하면 미래에는 좀 더 만족스럽게 내 삶을 이끌어 나갈 수 있을지 같은 문제들. 엄청난 행복은 바라지도 않고 그냥 좀 평온하고 평화롭게 지냈으면 하는 마음. 혼자서는 이런 상황을 벗어나지 못할 것 같아 태어나서 처음으로 심리상담을 받기로 했다.

집밥으로 나 돌보기

극 내향형 인간인 나는 의외로 여행지에서 새롭게 만나는 사람들과는 쉽게 친해진다. 나와는 일평생 아무 접점이 없었고 앞으로도 없을 것 같아 오히려 편하게 느껴진다 해야 할까? 첫 심리상담은 나에게 그런 느낌으로 다가왔다. 심리상담에서 널리 활용되는 TCI(기질 및 성격검사)를 받았다. 결과지 한 장으로 여태껏 내가 왜 그렇게 일을 벌이면서 미루는지, 그놈의 회사 생활은 왜 이렇게 고통스러운지 명확하게 설명됐다. 사람보다 만 배는 가벼운 5g짜리 종이 한 장이 왠지 모르게 위로가 됐다. 언젠가는 상담사 선생님에게 식욕이 너무 없어서 밥을 잘 안 먹는 게 고민이라 했다. 선생님은 "아직 젊으니까 두 끼 정도 챙겨먹는 건 괜찮지 않을까요?" 하며 농담 반 진담 반으로 답해주었다.

유튜브에서 우연히 이동진 평론가가 하루에 한 끼만 제대로 식사한다고 이야기하는 걸 들었다. 아침 겸 점심으로 간단하게 떡이나 빵을 챙겨먹고 저녁은 보통 식사를 하는 루틴을 가지고 있다고 했다. 먹는 것에 크게 관심이 없기도 하고 활동량이 많지 않아선지 그렇게 해도 별로 문제가 되지 않는다고 한다. 문득 흘리듯 들었던 상담사 선생님의 대답을 다시 떠올렸다. 그동안 왜 그렇게 삼시세끼 잘 챙겨 먹는 것에 집착했던 건지 모르겠다. 형식적인 인사조차 밥 먹었냐고 물어보는 유전자가 뼛속 깊이 새겨져 있어서인가. 그냥 먹고 싶으면 먹고 먹기 싫으면 안 먹으면 되는 건데 말이다. 하고 싶은 마음도 하기 싫은 마음도 잘 돌봐주면 되는 것이었다.

꾸준히 상담을 받는 나날들이 계속됐다. 백수 생활도 계속됐다. 기간을 특별히 정해 두지는 않았다. 억지로 챙겨 먹으려고 하지도 않았고, 잠도 자고 싶은 만큼 잤다. 통장 잔고의 압박에도 일하고 싶지 않았다. 그냥 평소에 좋아하던 메뉴들로 두 끼씩 챙겨 먹었다. 주말 점심은 주로 샌드위치와 커피를 배달시켜 먹는 걸 좋아했는데 이제 하루하루가 주말 같아졌다. 식비도 아낄 겸 샌드위치 재료를 사서 매일 해 먹었다. 한동안 잊고 있었지만 이전에 즐겨 먹었던 큼직한 사워도우를 주문했다. 식빵 굵기로 썰어서 냉동실에 소분해두고 두 조각씩 꺼내 에어프라이어에 굽는다. 루콜라 한 줌, 치즈 한 장, 햄 한 장, 마지막으로 계란 후라이를 올려서 샌드위치를 완성한다. 무인양품에서 산 작은 유리잔에 얼음과 우유를 조금 담고 캡슐머신으로 커피를 내린다. 평소에 즐겨듣던 밴드의 라이브 공연을 틀어놓고 샌드위치를 먹었다. 정말 오랜만에 충만함을 느꼈다. 나에게 필요한 건 여유로운 식사 시간이었다.

지금까지의 회사 생활을 통틀어 좋았던 딱 한 가지가 있다면 바로 출근길에 따뜻한 카페라테를 사 가서 오전 업무를 보는 루틴이었다. 그래서 출근 시간도 항상 널널하게 준비하는 편이었다. 아침에 커피를 마시는 습관은 고등학교 시절 생겼다. 고단한 수험생 생활이지만 아침에 먹는 믹스커피 한 잔이 등교하는 원동력이 됐다. 출근 전 따뜻한 라테를 마시는 습관은 호주에서 인턴십을 할 때 생겼다. 출근길 이른 아침 동네 작은 카페에 가면 항상 같은 사람들이 같은 텀블러를 가지고 와서 주문하는 광경을 쉽게 볼 수 있었다. 그 대열에 나도 슬며시 합류했다. 아침의 선선한 공기 덕에 더 맛있게 느껴지는 따뜻한 커피, 단골손님과 스몰톡을 주고받는 바리스타, 동료들과 커피를 마시며 수다를 떠는 직장인들. 그때 내가 행복감을 느낀 이유는 단순히 커피가 맛있어서가 아니라 따뜻한 커피를 음미하며 그 순간을 누릴 수 있어서였다.

비록 지금은 아침에 주로 커피 머신을 사용해 아이스 라테를 만들어 먹지만, 내가 원하는 건 커피가 주는 여유로운 아침이어서 영원히 이 루틴을 반복할 예정이다. 요리를 좋아하게 된 계기도 어쩌면 생존하기 위함이 아니라, 한 끼 먹고 싶은 메뉴로 챙겨 먹는 데 쓰는 시간에서 오는 여유가 아니었을까? 정신없이 시간 압박을 받으며 헐레벌떡 뛰어가는 출근길이 아니라 커피 한 잔 사 들고 갈 수 있는 출근길이 그러했듯이, 밥 한 끼 대충 정신없이 해치우는 게 아니라 요리하는 과정에서 느끼는 느긋함이 좋았던 건데 말이다.

여름이 코앞으로 다가와 화창한 날씨였던 날의 오후, 오랜만에 지하철역 앞 마트를 갔다. 항상 필요한 것만 빠르게 사갖고 나오다가 처음으로 장바구니를 손에 들었다. 차근차근 야채도 담고, 오랜만에 들어온 슴슴한 용과도 하나 담고, 샌드위치에 넣어 먹을 아보카도도 담았다. 에코백을 한가득 채우고 나오니 마음 한구석 쌓여있던 눈덩이들이 녹아내리는 기분이 들었다. 집밥은 더 이상 그리움이나 추억의 대상이 아니다. 내가 좋아하는 식재료들로 채우는 장바구니, 하루하루 그날의 기분과 날씨에 따라 취향껏 차려 먹는 만족스러운 한 끼. 나에게 편안함을 주는 루틴들을 유지하고 잘 돌볼 수 있도록 영원히 돌덩이를 굴려보기로 했다.

1인 가구의
홈 스윗 홈

조영인[9]

    이 글은 1인 가구로 처음 자취를 시작한 원룸과 그 이후 이사한 집들에서 벌어진 소소한 에피소드, 그리고 '집'이라는 공간에 대해 내가 느낀 생각들을 적은 것이다. 누군가에게는 공감을 줄 수 있고, 누군가에게는 '이렇게 살아가는 사람도 있구나.' 새로운 발견을 할 수 있는 개인적인 이야기들을 나누고자 한다. 나의 환승자취집 이야기 — 나를 거쳐 간 집들을 소개한다.

---

9   조영인 : 항상 새롭고 신기한 것을 찾아 떠다니고 여러 가지 망상을 하며 시간을 보내는 호기심 많은 IT개발자. 최근 갑작스럽게 퇴사를 결심했다. 한 치 앞도 알 수 없는 시간을 보내고 있지만 알 수 없는 인생이 오히려 즐겁다.

벌레 잡아주는 사람과 결혼해야겠다고 다짐했다

자취를 시작하고 얼마 지나지 않아 집에 침입자가 나타났다. 돈 없는 사회 초년생의 첫 자취라 작고 낡은 방이었지만 내 집이라 생각하고 애정을 붙이던 중이었다. 하지만 침입자를 발견한 순간, 집은 나에게 안락한 잠자리가 아니라 끔찍한 공포의 공간이 됐다.

우리 집의 첫 침입자는 지네처럼 다리가 많은 벌레였다. 사람이 아닌 것을 다행으로 여겨야 할까? 하지만 너무나 끔찍했다. 그 모양새를 글로 묘사하는 것조차 너무 괴로워 힘이 들 지경이다. 생애 처음 본 벌레여서 당시에는 그것이 무엇인지도 알지 못했다. 나중에 알게 된 우리 집에 침입한 그 벌레의 이름은 '돈벌레'(그리마)였다. 돈벌레는 내가 움직이자 징그러운 다리로 빠르게 스르륵 움직이며 구석으로 숨었다. 소중한 물건들을 내팽개치고 나는 돈벌레를 집 안에 둔 채 밖으로 도망 나갔다.

자취하기 전 부모님과 살 때의 나는 모기조차도 잘 잡지 못했다. 벌레가 나타나면 "아아악! 벌레다! 벌레가 나타났다! 빨리 잡아줘!" 호들갑을 떨며 부모님을 애타게 부를 뿐이었다. 부모님은 "벌레 입장에서는 거대한 네가 훨씬 무서울 텐데 그 조그만 벌레가 뭐가 무섭냐?"고 혀를

차며 벌레를 잡아주셨다. 부모님이 안 계신다고 해도 벌레가 나타난 공간에 내가 안 가면 그뿐이었다. 어차피 부모님은 곧 오시니 안심이었다.

하지만 자취를 시작한 나에게 곧 오실 부모님은 없었고 나는 도저히 돈벌레를 혼자 처리할 수가 없었다. 그래서 당시 남자 친구에게 도움을 요청했고, 그는 차로 20분이 넘는 거리를 택시를 타고 와주었다. 그를 앞세워 집으로 들어갔을 때 다행히 돈벌레는 그 자리에 있었다. 만약 돈벌레가 없어진 상태였다면 사라진 벌레의 행방을 망상하느라 도저히 집에 있지 못했을 것이다. 그는 휴지를 돌돌 말아 돈벌레를 처리해 주었다. 그는 일이 있어 벌레만 잡아주고 바로 다시 집을 떠났다. 벌레를 발견한 순간부터 내내 심장이 벌렁거리다가, 다시금 고요해진 집 안에 가만히 혼자 앉아서 생각했다. '아, 벌레 잡아주는 사람과 결혼해야겠다!'

그런 이유로 결혼을 다짐하다니, 당연히 절반은 농담 같은 말이었지만 절반은 또 진심이었다. 공포의 상황에서, 당시 1인 가구의 삶을 막 시작한 나에게 의지할 수 있는 사람의 필요성은 굉장히 크게 다가왔다. 이 상황에서 부모님도 없는데, 남자 친구마저 없었으면 나는 그대로 돈벌레랑 살아야 할 수도 있었을 테니까. 돈벌레와 사는 것보다는 누군가와 사는 것이 훨씬 다행인 일이 아닐까?

하지만 역시 인생은 혼자 살아갈 수 있어야 하는 법. 그저 타인에게만 기대고 의지하고 싶지는 않다. 벌레가 나타났다고 엉엉 울며 벌레 잡아 줄 사람을 기다리는 것은 너무 멋있지 않다. 정말 멋이 없다! 그런 마음으로 벌레에 대한 공포가 크지만 두려움을 이겨내고 혼자 벌레를 잡아보려 애썼다. 가끔 나타나는 엄지손톱보다 작은 벌레들은 눈 딱 감고 휴지와 전기채로 잡아냈다. 과거에 모기도 못 잡던 나를 생각하면 나름의 진보였다. 그쯤 되니 작은 벌레쯤은 두려움보다 도움을 요청하는 귀찮음이 더 클 만큼 익숙해졌다. '이 정도 벌레는 혼자 잡는 나, 멋있어!' 하지만 돈벌레와 바퀴벌레 같은 큰 벌레가 다시 나타난다면? 멋이 없어도 아직은 도저히 그 부피감을 견디며 스스로 잡을 용기가 나지 않는다. 어떻게 해야 커다란 벌레도 잘 잡을 수 있게 되는 걸까? 인생의 쓴맛을 더 보면 벌레쯤이야 우스워질까?

커다란 벌레도 잘 잡을 자신이 없기에 나는 우선 예방에 힘을 쓰기 시작했다. 처음에는 집에 음식물조차 들이지 않았다. 작은 원룸에서는 어차피 주방도 협소하고 냄새가 밸까 봐 요리할 의지가 없기도 했다. 음식물 쓰레기가 생기지 않도록 집에서는 음식을 일절 먹지 않고 모두 밖에서 해결하고 들어왔다. 조금 적응이 된 이후에야 가장 작은 1L짜리 음식물 쓰레기봉투가 다 차지 않아도 쓰레기가 생기면 바로 버리는 것으로 타협할 뿐이었다. 또, 식물은 우리 집에서 반입 금지 물품이었다. 식물은 좋아하지만, 벌레에 대한 가능성을 원천 차단하는 게 우선이었다. 습한 환경을 만들지 않기 위해 항상 제습기를 돌리고, 오래 집을 비울 때면 불을 켜놓고 나갔다. 그리고 살충제를 집 안 곳곳에 놓았다. 특히 바퀴벌레에 특효라는 '맥스포스겔'이라는 살충제는 나에겐 부적과도 같았다. 나를 지켜줄 거란 든든한 마음이 들었다. 여름에는 '초파리싹' 같은 살충제를 사용하며 초파리의 싹을 잘라버리고, 조금의 틈도 없도록 방충망의 틈을 모두 막아댔다. 조금 과하게 느껴질지 모르지만 벌레에 대한 공포가 심한 사람이라면 공감이 될 것이라 믿는다.

하지만 슬프게도 이렇게 애를 써도 나타날 벌레는 나타난다. 다행인 점은 이럴 때 부모님과 애인이 아니어도 의지할 곳이 있다는 것이다. 요즘에는 동네 커뮤니티('당근')에 벌레를 잡아달라고 부탁하는 게시글들이 가끔 올라온다. 이런 부탁을 할 수 있다니 좋은 세상이다. 그러나 모르는 사람을 집에 들이는 것은 거부감이 들 수도 있다.

그래서 내 친구는 원룸 자취방에 살면서 방역업체('세스코')를 이용했다. '비싸지 않을까?' 했는데 원룸 크기라면 생각보다 합리적인 가격이다. 특히 벌레로 인한 스트레스를 이겨낼 수 있는 정신 건강의 비용을 고려하면 오히려 싸게 느껴질 정도다. 인생살이, 아름다운 것만 보고 살자.

비둘기에게 집을 내주다

돈벌레가 나왔던 첫 원룸 자취를 끝내고 발품 팔아 새로 구한 나의 집은 앞에는 공원이 위치하고, 건물은 오래됐지만 리모델링해서 깔끔하고 투룸이라 넉넉한 크기의 멋진 집이었다. 단점도 있었으나 장점이 더 많은 집이라고 생각하며 이사한 후 산책을 즐기면서 더 넓어진 집에서 행복한 시간을 보냈다. 집을 참 잘 구했다 싶었다.

그런데 이 집에서 산 지 3년 반이 지났을 때, 갑자기 천장에서 이상한 소리가 들리기 시작했다. '구구구구'. 처음에는 비둘기가 잠깐 앉았다 가는구나 생각했다. 하지만 어느 순간부터인지도 모르게 내 집은 비둘기에게 점령당하고 있었다. 비둘기 울음의 빈도가 높아지더니 낮에도 저녁에도 '구구구구', 조용했다가도 갑자기 '구구구구', 잠에 들 때도 일어날 때도 비둘기와 함께였다. 나의 아침은 알람 소리보다 이르게 비둘기가 우는 소리로 불쾌하게 시작됐다. 정신을 차려보니 이웃집 창문에는 비둘기를 쫓기 위한 뾰족뾰족한 모양의 버드 스파이크와 바람에 날리는 리본이 있는 것을 발견했다. 주변 집들도 비둘기에 점령당한 지 오래였다. 3년 반 동안은 아무 일 없었는데, 대체 이곳에서 무슨 일이 벌어진 것일까? 알 수 없었다. 내가 할 수 있는 일이라고는 비둘기 소리를 견뎌내는 것뿐이었다.

나의 소중했던 집은 천장 바로 위에 기와지붕이 있는 다가구주택이었기 때문에, 다른 집처럼 창문에 버드 스파이크를 두는 것으로 조치할 수 없었다. 혼자서는 지붕에 올라갈 방도도 없었다. 그저 침대에 누워서 '이 위쯤에서 비둘기가 살고 있을까?' 상상하는 수밖에 없었다. 어느 날은 '나한테 왜 그러는 거야?' 화가 나서 천장을 팍팍 쳐댔으나, 눈치도 없는 비둘기는 울음을 멈추지 않았다. 지붕 위의 비둘기는 별도의 퇴치 업체를 불러야 한다고 들어서 집주인에게 전화를 걸어 비둘기 소리가 너무 심한데 조치할 방법이 없겠느냐고 물었다. 그는 "그건 제가 어떻게 할 수 없죠~" 하며 빠르게 전화를 끊었다. 분명 다른 호수 사람들도 비둘기에게 고통받고 있을 텐데 아무 조치도 없다니! 아예 비둘기 집이 되어버리면 집주인에게도 손해일 텐데, 나보고 어쩌라는 집주인의 태도에 기가 찼다. 혼자서라도 이 집을 지켜낼까 싶었지만 내 집도 아닌 전셋집에 몇 십 만원이나 하는 퇴치 업체를 부를 돈은 없었다. 찾아보니 이런 경우는 집주인이 해결해 주는 것이 필수는 아니라는 의견들이 많았다. 세입자 혼자서는 해결할 수 없는 구조였는데도 어찌할 수 없다니! 집에 정이 떨어지고 계약도 만기가 될 시점이라 다른 동네로 이사를 준비하게 되었다. 어느 날은 이웃집에서 "이놈의 새 새끼들!" 하며 절규하는 목소리가 들리기도 했다. 무력한 나는 불쌍한 이웃들의 행복을 바랄 뿐이었다. 어떻게 해야 나와 이웃들이 비둘기의 고통에서 벗어날 수 있었을까? 결국 나는 소중했던 집을 그렇게 비둘기에게 내어주고 떠나게 됐다.

옆에 누구 있어요? 벽간 소음의 고통

세상에는 참 제대로 되지 않은 집들이 많다. 구축이든 신축이든 공동주택에서 다른 사람들과 살아갈 때 함께하는 소음은 너무나 당연한 것이 됐다. 내가 살았던 집들은 유난히 벽간 소음이 심했다. 나의 돈벌레 집도, 비둘기 집도, 이후 새로 이사한 집도 혼자 사는 느낌이 아닌 집들이었다.

처음에는 벽간 소음이 심하다는 것을 인지하지 못했다. 혼자 살게 된 기쁨에 친구를 초대했던 날 벽간 소음의 존재를 깨닫게 됐다. 친구와 도란도란 이야기를 나누던 중이었다. 그러다가 시끄럽다며 항의하는 듯 벽을 쿵 치는 소리에 매우 놀라 눈을 동그랗게 뜨고 입을 "헙!" 하고 다물며 원룸의 벽간 소음의 심각성을 알게 되었다. 그 후 생활하면서 벽간 소음 탓에, 양 옆집 이웃들의 취향까지 파악할 수 있게 되었다. 어떤 이웃은 예능을 보며 항상 깔깔대며 크게 웃었고, 어떤 이웃은 항상 액션 영화를 틀어놓았다. 혼자인데 혼자가 아닌 기분. 참 묘한 기분이었다.

그 후 나는 친구를 거의 초대하지 않았고, 초대할 일이 생기면 "쉿! 조용히 해야 해!" 하며 경고를 단단히 하고 집에 들었다. 집에서 노래나 영상도 가장 작은 소리로 듣거나 이어폰을 사용했다. 가끔 이웃이 평소보다 더 시끄럽게 할 때는 열 받기도 했지만, '집이 이런 걸 어쩌겠어. 서로서로 이해해야지.' 하며 참고 넘겼다. 사실 시끄러워도 이웃에게 항의하며 내 존재를 알린다는 것이 무섭기도 했다. 내게 이웃은 정다운 이웃이 아니었다. 나를 모르지만 나를 알고 있을 두려운 존재였다. 이웃집 문이 열리는 소리가 나면 괜히 몇 분 더 있다가 집을 나섰다. 그 집에서 2년을 살았지만, 나는 이웃들의 목소리는 알아도 얼굴은 결국 이사 갈 때까지 알 수 없었다. 중간에 이웃이 바뀐 것도 깔깔대던 웃음소리가 사라지고 다른 목소리로 대체됐을 때 어렴풋하게 알게 될 뿐이었다.

이렇게 2년을 고생한 후 집을 구할 때는 공원 말고도 벽간 소음이 없는 집을 우선순위에 두었다. 그래서 집을 보러 갔을 때, 이전 세입자에게 "혹시 여기 벽간 소음이 있나요? 제가 이전 집에서 많이 시달려서요. 제발 솔직히 말해주세요!"라고 물었다. 그는 급하게 집을 내놓은 상태였는데, 본인이 지낼 때는 벽간 소음이 없었다며 자신만만하게 말했다. 분명 집을 빨리 옮기기 위한 거짓말이었을 것이다. 이사 후 얼마 지나지 않아 누군가 내 옆에 있는 듯한 생생한 목소리를 들었다. '아 속았네!' 그나마 다행으로 그는 조용한 이웃이었다. 만약 시끄러운 이웃이었다면 얇디얇은 벽을 타고 넘어오는 소음을 견디기 힘들었을 것이다. 이웃들 간의 배려로 조용하게 평화를 지키면서 살 수 있도록 서로 노력하기는 하지만, 집을 만들 때부터 좀 제대로 만들어주면 안 될까? 과한 바람일까?

어디서 살 것인가

혼자 살다 보면 집을 구할 때 고려해야 할 점이 한두 개가 아니다. 벌레, 비둘기의 존재, 벽간 소음까지! 누구나 저렴한 가격으로 교통이 좋은 커다란 신축 집에서 살고 싶어 하지만, 한정된 예산으로 인해 집을 구할 때는 본인만의 우선순위를 정해야만 한다. 같은 집이어도 누군가에게는 별로인 집이 나에게는 꼭 맞는 집일 수도 있다.

나의 경우는 주변에 인프라가 많은 곳을 우선적으로 고려했다. 조용하고 한적한 주택가의 정취를 좋아하는 사람도 많지만 나는 시끄럽고 복잡하다는 단점이 있어도 유동 인구가 많은 번화가가 마음에 들었다. 가벼운 마음으로 나설 수 있는 접근성 좋은 운동시설과 빨래방 등의 생활 편의시설은 일상의 질을 크게 좌우했다. 요즘은 인터넷으로도 장을 보기 때문에 슈퍼마켓은 없어도 괜찮지만, 운동시설이 가까운 것은 나의 의지력에 큰 도움이 됐다. 또, 집에서 요리를 즐기는 사람에게는 주방이 우선순위일 수 있겠으나 나는 주방이 사용할 수 없을 정도로 협소해도 괜찮다. 근처에 맛있는 음식점과 카페들이 많다면 집에서 음식을 해 먹고 치우는 노력보다 밖에서 간단히 먹고 들어가는 시간이 훨씬 좋다. 주말 내내 집에 있기보다는, 하루 정도는 꼭 나가서 시간을 보내는 나는 새로운 가게에 가보는 것을 특히나 좋아하기 때문에 다양한 매장이 많은 중심가를 선호한다.

좋아하는 가게에 단골이 되어 항상 같은 곳에 가는 사람들도 많은데, 나는 같은 장소를 자주 가는 데 조금 지루함을 느끼고 새로운 장소에 더 흥미를 느끼는 유형이다. 좋아하는 장소와 함께 할 때의 익숙함과 안정감도 좋아하지만, 새로운 장소들을 찾아다니는 것은 RPG 게임을 처음 시작할 때 새로운 세계를 탐험하며 깜깜한 지도를 밝혀나가는 것과 같은 특별한 재미가 있다. 머릿속의 내비게이션을 구축해 나가는 기분이다. 회사와 가까운 위치라는 이유를 제외하고서는 학교를 다녔던 곳, 처음 자취를 시작했던 곳처럼 익숙한 장소에서 집을 찾을 수도 있겠지만 이번에 나는 새로 이사하며 기존 생활권과 정반대의 지역에 집을 구했다. 그동안 서울에 오랜 시간 살았으면서도 못 가본 곳이 너무 많다는 게 아쉬웠다. 서울이 다 거기서 거기라고 생각할 수도 있겠지만 아직도 서울 골목 구석구석 새로운 공간에서 마주치는 낯선 기분은 여행을 떠나는 것처럼 나를 설레게 만든다. 이렇게 새로운 장소를 찾아다니는 것이 언젠가는 새롭지 않은 날이 와서 지루해질지 걱정도 되지만, 서울은 아쉬울 만큼 빠르게 변하기 때문에 그런 날이 올까 싶다. 그런 면에서 새로운 생활권으로의 이사는 나에게 큰 만족을 주었다. 정든 동네에서 계속 사는 것을 선호하지만 안타깝게도 어쩔 수 없이 떠나야만 하는 경우라면 새로운 동네로의 이사를 탐색 게임처럼 생각해 보는 것을 추천한다. 나름의 재미가 있다.

청소가 귀찮아 미니멀리스트가 되다

한창 미니멀리즘과 관련한 책이 유행할 때가 있었다. 나는 그때 많은 영감을 받아 미니멀리스트가 되기로 마음먹었다. 우리 집에 놀러 온 친구들은 그리 미니멀리스트의 집 같지는 않다고 말하지만, 노력하고 있기에 당당히 말할 수 있다. 내가 지향하는 정체성은 미니멀리스트라고. 물건을 많이 소유해 봤자 행복은 찰나이고 익숙함으로 인해 자극의 차이를 느낄 수 없어 싫증 나게 된다는 철학적 이유는 차치하고라도, 실용적 이유들이 나의 마음을 사로잡았다.

우선 1인 가구라면 예산 문제로 큰 집에서 살기가 쉽지 않다. 다인 가구는 기본적으로 필요한 주방, 욕실 등의 공용 공간을 나눠 쓸 수 있으나, 1인 가구는 그렇지 않다 보니 같은 예산으로도 더 작은 집을 구하게 된다. 만약 당신이 1인 가구라면 어느 정도 크기의 집에 살면 좋겠는가? 통계청 자료에 따르면 1인 가구당 평균 거주 면적은 44㎡(약 13평)이고 2024년에 정부는 1인 가구의 적정 면적 기준으로 35㎡(약 10평)를 제시했다고 한다. 개인적인 경험으로는 1인 가구라도 집은 요즘 말로 '거거익선'이다. 크면 클수록 좋다. 5~6평대의 원룸에 살 때, 벽과 물건 사이에 둘러싸인 기분은 정말이지 불쾌하고 답답했다. 이 답답함을 해소하려면 집의 크기를 늘리거나 물건을 줄이거나 둘 중에서 선택해야 했다. 후자가 훨씬 쉬운 일이기 때문에 자연스레 미니멀리스트가 됐다. 공간의 비용으로 나의 월세가 '나'를 위해서가 아니라 불필요하고 잡다한 물건들을 보관하는 데 쓰인다고 생각하니 나에게 꼭 필요한 물건만 소유하게 되었다.

　그리고 무엇보다 귀찮음이 큰 이유였다. 청소가 너무 귀찮다. 왜 먼지와 물때는 청소해도 끝없이 생겨나나? 누가 이렇게 집을 더럽히나? 집에는 나밖에 없는데 왜 이렇게 집이 쉽게 더러워지고 머리카락은 끝도 없이 빠지는지 참 억울하다. 나를 위해 집을 깨끗이 유지하려고 노력하지만, 나는 정말 청소가 싫다. 더러운 것이 깨끗해지는 느낌이 좋아 청소가 즐거운 사람들도 있다는데, 나는 절대 아니다. 그저 육체적 노동으로 느껴져 힘들다. 그런 이유에서 혼자 관리하기 힘든 거대한 집도 아니지만 종종 홈클리닝 플랫폼을 이용했다. 만족도는 최상. 어떤 분이 오시느냐에 따라 꼼꼼한 정도는 달랐지만 나보다 나은 청소 전문가라는 믿음으로 위임했다. 하지만 근본적으로 청소의 양을 줄이려면 물건의 양을 줄이는 게 최선이다. 수납과 정리 정돈만으로는 안 된다. 물건을 없애야만 물건을 관리하는 시간, 에너지가 크게 줄어든다. 그 효과는 아주 강했다. 물건을 소유하지 않음으로써 자유가 늘었다. 이렇게 나는 청소가 귀찮은 나를 위해 미니멀리스트가 돼버렸다.

다만 이렇게 물건을 줄이려고 노력하다 보니, 어차피 필요한 물건만큼은 꼭 내가 좋아하는 물건들로 채우고 있다. 나의 취향에 맞는 물건들로 집을 채워나갈 수 있다는 것은 1인 가구의 가장 큰 장점이다. 그냥 수건을 사도 되지만 굳이 귀여운 곰 인형이 그려져 있는 수건을 사고, 그냥 슬리퍼를 사도 되지만 굳이 귀여운 캐릭터의 슬리퍼를 사고. 귀여운 것을 좋아하는 내 취향대로 집을 채운다. 귀여운 디자인이라고 해서 청소할 것이 더 느는 건 아니니까. 오래 쓰는 물건들은 한 번 살 때 고심해서 나의 취향대로 사면 오랜 시간 소소한 행복을 느낄 수 있었다. 내 취향의 귀여운 물건들은 봐도 봐도 질리지 않는다. 1인 가구라고 나를 챙기지 않고 대충 살려고 한 때도 있었지만, 나의 취향껏 가격은 더 비싸지만 입술에 닿는 느낌이 좋은 얇은 컵을 사고, 몸에 닿는 느낌이 좋은 이불과 베개를 샀다. 혼자 살아도 나를 아껴주는 마음으로 물건을 사면 두고두고 만족스럽다. 청소를 최소화하고 내 취향의 물건들로만 집을 가꿔가는 것은 자칭 미니멀리스트로서 아주 즐거운 삶이다.

든든한 '1인가구지원센터'

　지금 이 책을 쓰고 있는 곳은 '송파구 1인가구지원센터'[10]
다. 나는 한창 이사 준비를 할 때 1인 가구 전월세 안심 계
약 도움 서비스를 이용하면서 처음으로 서울 1인 가구 포
털인 '씽글벙글 서울'에 대해 알게 되었다. 전세 사기가 성
행하는 요즘 실제로 지인들이 전세 사기를 당했던 일도 있
기 때문에 안심할 수 있는 집에 대한 욕구가 컸다. 혼자 전
세 사기에 대해 알아볼수록 더 많은 사기 케이스를 보게
되니 불안감이 커졌다. 혼자 집을 보러 다니면 가뜩이나
어리숙해 보이는 인상에 무시당하진 않을까 걱정이 됐다.
그때 1인 가구를 위해 집 보러 다닐 때 동행하거나 전월세
계약 상담을 해주는 등 공인중개사 자격을 소유한 주거 안
심 매니저가 지원해 주는 서비스를 알게 되었다. 당시 나
는 전세 매물을 알아 보고 있었는데 매력적이지만 조금 찜
찜한 부분이 있는 매물이었다. 부동산에서 "원래 다 이렇
게 해요~"라며 넘어가려던 문제를 주거 안심 매니저가 짚
어주어 매물을 선택할 때 도움이 많이 됐다. 선택은 본인

의 몫이란 점을 강조했지만, 이 믿음과 신뢰 없는 세상에서 조금이나마 의지할 수 있어 든든했다.

전에 『에이징 솔로 ─ 혼자를 선택한 사람들은 어떻게 나이 드는가』를 읽으며 1인 가구의 삶에 대해 생각해 볼 기회가 있었는데, 1인 가구 포털에서 이미 많은 것들을 진행하고 있었다. 혼자 살면 누구나 걱정하는 아플 때 지원받을 수 있는 병원 안심 동행 서비스, 1인 가구도 공동체가 필요하기에 존재하는 여러 관계망 프로그램, 상담 멘토링 등의 다양한 프로그램이 있었다. 사놓기에는 애매한 공구를 빌려주거나, 주거침입 범죄 예방을 위한 안심 장비를 지원해주는 사업도 있고, 연령·카테고리별 프로그램과 지원 사업도 다양했다. 원래는 신청할 수 있는 지역이 정해져 있지만 많은 프로그램이 실제 살고 있는 지역구와 상관없이 신청할 수 있었다. 1인 가구 인구의 증가에 따라 사회적인 제도가 잘 갖춰지고 있다고 느낄 수 있었다.

여러 프로그램을 구경하던 중 1인 가구 공동 집필 외에 집수리 교육 프로그램에도 참여하게 됐다. 그동안 커튼을 달거나 전등을 갈거나 집에 문제가 생기면 아빠에게 도움을 청하고 기다리기만 했다. 공구를 쓰는 일은 나의 일이 아니라고 여겼다. 그런데 집수리 교육 프로그램 내용을 보니 누군가에게 도움을 청하지 않아도 스스로 집을 관리할 수 있도록 교육 내용이 잘 되어있어 관심이 갔다. 공구 사용 안내, 전등 교체, 욕실 및 주방 문제 해결, 경첩 교체, 시트지 교체, 벽면 도배 실습, 실리콘 시공, 목공 실습 등 알아두면 좋을 유익한 내용들이었다. 공구를 멋지게 사용하여 뚝딱뚝딱 문제를 해결하는 맥가이버 같은 나를 상상만 해도 만족감이 들었다.

교육을 듣고 나니 공구를 사용하는 데 엄청난 자신감이 생겼다. 그저 그동안 공구가 낯설고, 시도해 볼 용기를 내지 못했을 뿐 실제로 해보니 크게 어려운 부분은 없었다. 차분하게 순서에 맞게 전동 드릴이나 드라이버로 나사를 조였다 풀기를 반복하면 어느새 문제를 뚝딱 해결할 수 있었다. 전문가들만 할 수 있다고 생각했던 벽면 도배를 실습한 날은 정말 뿌듯한 마음이었다. 다만 한편으로는 벽면 도배 같은 일은 엔간하면 전문가의 솜씨를 빌리는 게 낫겠다는 생각이 들었다. 많은 집수리 영역이 방법 자체는 쉬워도 완성도 측면에서 꼼꼼하고 세심하게 마무리하는 게 중요한데, 원체 손재주가 없고 꼼꼼하지 못한 터라 어느 정도 완성도가 필요한 영역은 전문가를 믿고 일임하는 게 좋을 것 같다. 그래도 커튼이나 전등을 가는 정도는 이제 다른 사람을 부르지 않아도 혼자서 처리할 수 있게 되었으니 얼마나 멋진가! 전동드릴 등의 공구가 없다면 '1인가구 지원센터'에서 무료로 대여해준다. 집수리는 생각보다 쉽고 뿌듯함은 엄청나게 크다. 집수리하기를 주저하는 사람이라면, 나처럼 용기를 내서 시도해 보길 바란다.

집을 수리하고, 벌레를 혼자 잡는 작은 행동들이 쌓여 뭐든 스스로 해결할 수 있다는 자신감이 생기고, 이전보다 독립적인 삶을 살아갈 수 있는 힘을 얻게 되었다. 여전히 혼자 사는 것은 좌충우돌이지만 어찌저찌 홀로 일구어 나가는 하루하루가 즐겁다.

피곤,
그리고 악몽

오희진[11]

그런 날이 있다. 세안 후 얼굴의 물기를 닦을 때, 수건을 떼면 눈앞에 무언가 있을 것만 같은 날. 그런 날은 자기 전 불을 끄고 침대에 누울 때도 감았던 눈을 뜨면 눈앞에 뭔가 있을까 봐 일부러 눈을 꼭 감고 잠을 청한다. 여기는 우리 집, 다른 사람이 있을 리 만무하다.

대학을 고향과 먼 곳으로 진학해 성인이 되자마자 부모

---

11 오희진 : 건축학을 전공한 게으름뱅이. 이런저런 일 벌이는 것을 즐기고 '쉬지 않는 나'에 중독된 도파민 중독자. 하고 싶은 일이 많고 할 말도 많지만, 시간이 없다고 핑계 대기 일쑤. 게으르다 자조하지만, 사실은 누구보다 부지런히 살고 싶은 이 시대의 거짓말쟁이이자 달변가를 꿈꾸는, 재담꾼이 꿈인 건축가.

님 슬하에서 벗어나 자취를 시작했다. 혼자 산 지는 햇수로 10년째, 인생의 1/3을 혼자 살아 내고 있다. 대학에서 건축학을 전공했는데, 대부분의 예술 계열 학과가 그렇듯 아이디어가 필요한 실기 과제가 많은 과는 야작(夜作)이 많다. 잘못하면 밤샘 작업까지 이어지게 되는데, 나 역시도 그랬다. 지금 생각해 보면 왜 그렇게까지 했나 싶을 정도로 밤샘 작업을 자주 했었다. 아무튼, 대학 재학 5년 (건축학과는 정규 5년제임), 그리고 휴학 1년의 기간 동안 적어도 4년은 피곤함에 절어 살았다고 말해도 무리는 아닐 것이다. 휴학 중에도 성남시에서 김포시까지 무려 4시간 거리를 통근하며 잡지사에서 인턴 근무를 하고 논문을 썼으니까. 그리고 졸업 후 곧바로 사무소에서 잦은 야근에 시달리며 실무를 했다. 물론 야근이 아니더라도 직장에 다니는 것만으로도 피로가 쌓인다. 지금은 마침내 모든 족쇄와 굴레에서 해방된 상태이지만 마음이 불편하다. 슬슬 잔고가 떨어져 가는 통장과 재취업에 대한 압박이 나를 괴롭게 만든다.

피곤함과는 분리할 수 없는 인생을 살고있는 나는 피곤하면 악몽을 자주 꾼다. 아니, 악몽보다는 가위눌린다는 말이 더 정확할 것 같다. 예를 들면, 고등학교 3학년 쉬는 시간에 그 시끌벅적한 교실에서 친구들에게 종 울리면 깨워달라 부탁하고는 쪽잠을 자는데, 가위에 눌렸다. 손가락을 움직이면 깬다는 속설에 속으로 울면서 손가락을 꼼질대려 애쓰고 있는데 머리맡에서 친구들이 뭐가 그리 우스운지 키득거리며 깔깔대고 웃는 게 아닌가. '웃지만 말고 깨워줘라…' 마음속으로 애원하고 있는데 그들 중 하나인지 근처에 있던 누군가가 나를 쳐서 눌렸던 가위에서 벗어났다. "야! 나 가위눌렸음!", "앗! 오희 미안! 더 자도 된다!" 친구와 내가 동시에 소리쳤다. "아, 노노. 잠 다 깼다. 근데 누가 웃었어? 머리맡에서."라고 말하며 머리를 뉘었던 방향을 돌아봤는데… 벽이었다. 친구의 말로는 아무도 그 근처엔 없었다고 한다. 대학 시절도 예외는 아니다. 며칠간 계속된 야작에 기숙사에서 자다 가위에 눌렸는데 그때는 저음의 목소리로 웃는 사람이 내 손을 더듬는 것이다! 눈을 뜨려면 뜰 수 있었을 것 같은, 아니, 눈을 뜨라는 듯한 느낌이 들었는데, 눈 떴다간 진짜 뭔가가 옆에 있을까, 필사적으로 눈을 감고 있었던 게 기억난다. 하필 룸메이트들은 시험이 끝나 바로 고향에 돌아갔기 때문에 기숙사에는 아무도 없었는데 마침 친구한테 전화가 와 깼다. 얼마나 다행인지! 전화로 그 친구에게 무서웠다고, 얼마나 고마움을 전했는지 모른다. 또 한번은 첫 자취방에서 쓰러지듯 잠이 들었는데 방 한구석에 웬 검은 형상이 있기에 "너 누구야!"라고 소리 지르며 깬 적도 있다.

지금도 나는 여전히 피곤을 달고 사는데, 다음 글은 최근 2년간 겪은 일을 복기한 것이다. 2년 전 이사 온 집에서 일어난 일들과 가위눌린 경험을 가볍게 엮었다.

노크 소리

내가 사는 빌라는 유난히 조용하다. 우리 층에는 공실이 없고 집주인 선생님 ― 정말 정년퇴임하신 교육자다 ― 도 5층에 거주하시니 분명히 많은 사람이 사는 빌라인데, 이상하게 층간소음, 벽간소음 하나 없이 조용하다. 베란다 창문을 열어 두면 바깥소리와 보일러 돌아가는 소리, 그리고 가끔 옆집 빌라에서 기타를 튕기는 소리가 잔잔히 들려오는데 그러다 어느 순간 정말 아무 소리도 안 들리는, 조용하다 못해 적막한 시간이 생긴다. 나조차도 움직이지 않아 길어지는 정적을 깨는 것은 예상치 못한 날카로운 파열음이다. "딱!!" 먹먹한 공기를 찢어버리는 소리에 놀란 것이 한두 번이 아닌데, 정작 이 소리의 정체는 구겨진 생수 페트병이 압력 차 때문에 어느 한 부분이 펴지며 생기는 소리다. 이 밖에도 냉장고나 에어컨이 갑자기 작동하는 소리, 수도에서 갑자기 고인 물이 흘러나오며 스테인리스 싱크대를 두드리는 소리… 이런 소리쯤이야!

그런데 유독 그 출처를 알 수 없는 소리가 있었다. '똑 똑 똑 똑' 정확히 4번, 같은 박자로 두께감 있는 판자를 가볍게 두드리는 듯한 소리였는데 규칙적이고 느리지 않은 리듬에 맞춰 아주 명확하게 들렸고 울림통이 큰 낮은 소리는 아니었다. 이 소리가 들리는 시간은 일정하지 않지만, 밤에는 들리지 않았다. 그리고 한 번 들릴 때도 있고 두세 번 연속으로 들릴 때도 있었다. 이 소리를 처음으로 자각한 건 회사에서 고된 일에 시달리던 작년 어느 날의 주말이었다.

그날도 여느 주말처럼 졸다 깨기를 반복하며 몽롱한 상태에서 또 잠에 빠져드는 찰나, '똑 똑 똑 똑' 선명하게 들리는, 무언가를 두드리는 소리에 소스라치게 놀라 몸을 일으켜 세웠다. 그리곤 다시 그 소리를 들으려는 듯, 혹은 그 소리를 낸 주동자(?)를 찾으려고 온 신경을 곤두세우고 방문을 뚫어지게 바라봤다. 다행인지 소리는 그걸로 끝이었고 놀란 가슴을 진정시킨 후, 하지만 여전히 팔에는 소름이 돋은 채 거실로 나갔을 땐 소리의 원인을 찾을 수 없었다. 모르긴 몰라도 어디선가 난 소리겠지. 이왕지사 일어난 김에 이 황금 같은 주말 얼른 밖에 나가 한강공원이라도 걷는 게 낫겠다 싶어 화장실 불을 켜려는 순간 생각이 스쳤다. '어? 노크 소린가?'

올 사람이 없으니 사람은 아닐 테고 배달 올 게 있었는지 기억을 더듬어 봤지만 생각나는 게 없었다. 그래도 혹시나 내가 주문해 놓고 잊어버린 물건이 있었을 수도 있지 않나 싶어 현관문 손잡이에 손을 얹었다. 긴장되는 순간. 인기척은 전혀 없었지만 혹시나 하는 마음에 도어체인을 걸고 살짝 문을 열었다. 당연하게도 아무도 없었고 배달 온 것도 없었다. '그럼 그렇지.' 뻘쭘하게 다시 문을 닫고 들어와 아무것도 없을 게 분명한 현관문을 심지어 도어체인까지 걸고 열어젖힌 내 모습이 어이가 없어서 "나 참, 나 참~" 소리 내 웃으며 씻고 산책을 하러 밖으로 나갔다. 절대 집에서 들릴 리 없는 소리였기 때문일까, 괜히 신경이 곤두서곤 했는데 한두 번 듣다 보니 이것도 익숙해질 무렵, 동생이 놀러 왔다.

동생이 온 건 금요일 밤. 주말을 보내고 일요일에 다시 고향으로 간다고 했다. 토요일, 방에 누워 각자 쉬고 있던 중이었다. '똑 똑 똑 똑' 선명하게 들리는 노크 소리에 동생이 내 방으로 힐레벌떡 뛰어 들어왔다.

"뭐야!"질문인지 화를 내는 건지 모를 동생의 외침에 덩달아 놀라 소리를 짤막하게 지르고 동생에게 "나도 몰라. 가끔 들림."하고 대꾸 후 다시 누워 유튜브를 보는데 또다시 '똑 똑 똑 똑' 노크 소리가 들려왔다. 누가 친자매 아니랄까 봐 동생은 거실로 나가 소리의 근원을 찾기 위해 구시렁대며 두리번거리다 다시 내 방으로 들어왔다. "아니, 이런 소리가 날 곳이 없는데? 깜짝 놀랐네." "나도 처음엔 놀랐는데 지금은 뭐, 그냥 들리는 갑다~ 한다." "근데 노크 소리 같다. 누구 온 줄 알았음." 누가 친자매 아니랄까 봐 내가 생각한 그대로를 이야기하는 동생이다. "노크 소리는 아닐 듯. 문 두드리는 소리가 아니잖아." "그러네." 이런 실없는 대화 후 동생은 자기 방으로 돌아갔다. 몇 분 지났을까, 다시 그 소리가 들려왔다. 동생이 있어서일까? 갑자기 샘솟는 드립 욕심에 "누구세요~!"라고 대답했다. 방에 있던 동생이 자지러지게 웃으면서 "대답을 왜 하냐고!" 놀리는 말에 너 나 할 것 없이 신나게 웃어댔다.

그날 이후 노크 소리에 대한 무서움은 한층 더 없어졌지만, 동생이 집으로 돌아간 뒤 혼자 남은 집에서는 그럴 장난칠 생각은 들지 않았다. '괜히 그 노크 소리에 대답했다가 정말 무언가가 대답한다면? 진짜 너무 무서울 거 같은

데…'라는 생각이 들었기 때문인데, 이런 생각을 하니 왠지 찝찝해져 작게라도 음악을 틀어놓는 습관이 생겼다. 이상한 것은, 지금 생각해 보니 대략 그즈음부터 더는 노크 소리가 들리지 않는다는 것이다. 정말 무엇인가의 노크 소리였을까?

위화감

분 단위의 알람이 있을 정도로 아침 시간을 쪼개 사는 나지만, 항상 출근 전은 이상하리만치 시간이 부족하다. 주말을 제외한 매일 항상 같은 시간에 움직이는데도, 매번 시간이 부족하다니 정말 이상한 일이다. 내 아침 루틴은 매우 평범하다. 6시 50분에 일어나 입안을 헹군 후 물을 한 잔 마시고 7시 전까지 세안과 양치를 하고 로션을 바른 뒤 커피를 한 잔 내린다. 그리고 태블릿 PC에서 한 곡 한 곡 모아놓은 '출근 플레이리스트'를 재생한다. 내려놓은 커피를 가지고 작은 방으로 들어가 홀짝홀짝 커피를 마셔가며 선크림을 바르고, 눈썹을 그린다. 그러면 7시 30분. 알람이 울린다. 이제 옷을 갈아입어야 한다. 아, 아. 교복처럼 사복(社服)이 있다면 얼마나 좋을까. 어제 입은 옷을 오늘 또 입을 순 없다는 개똥철학이 있기에 출근할 때 입을 옷을 고르는 게 상당한 시간을 잡아먹는다. 단골손님은 무채색 바지에 편한 셔츠지만, 애석하게도 무지 셔츠는 3장뿐이라 오늘은 내가 좋아하는 화려한 꽃무늬 셔츠를 입을 차례다. '바지는 아무도 모르겠지!'란 생각으로 대충 셔츠에 어제 입은 바지를 주워 입었더니 8시 정각 알람이 울린다. 이제는 출발해야만 한다. 부랴부랴 출근용 가방에 핸드폰과 이어폰, 지갑을 쑤셔 넣고 음악 재생을 멈춘 후 집 안의 모든 불을 껐는지 확인한 다음 항상 신는 흰 운동화를 신고 집을 나선다.

자, 아침에 출근하면서 많은 것이 내 손을 거쳤지만 음식물 쓰레기 버릴 때 쓰는 카드를 만진 적은 없다. 그런데 어느 날 퇴근 후 그 카드가 거실 식탁 위에 덩그러니 올려져 있는 게 아닌가! 음식물 처리 카드는 항상 사용 후 집게에 꽂아놓는 데다가 그마저도 집에서 식사를 해결할 일이 적을 때라 2주에 한 번 쓸까 말까였다. '이게 왜 여기에…?' 멍하니 보라색 카드를 손에 쥐고 목뒤가 뻐근하니 차게 식어가는 걸 느끼며 생각했다. '어제는 퇴근이 늦어 카드를 사용하지 않았는데, 언제 썼더라?' 카드가 걸려있어야 할, 지금은 아무것도 안 걸린 집게에 주섬주섬 다시 카드를 꽂았다. '카드에 발이 달린 것도 아니고… 건망증인가?

술 줄여야지… 아무리 그래도 쨍한 보라색이라 눈에 띄었을 텐데…' 심란한 마음을 뒤로 한 채 바닥에 가방을 내려놓고 욕실로 들어갔다. 샤워하는 와중에도 '진짜 집에 누가 들어오나? 아무리 생각해도 나는 카드를 식탁 위에 올려놓은 적이 없는 것 같은데 만약 집에 누가 있다면 어떡하지? 지금 나는 씻는 중이고, 너무 무방비한 상황인데 갑작스럽게 누군가가 욕실 문을 열고 들어와 나를 위협한다면 어떻게 하는 게 가장 현명할까? 무기로 쓸 만한 건… 뜨거운 물. 샤워기에서 가장 뜨거운 물로 바꿔놓고 바로 얼굴에다 쏴 버린다…' 이런 생각을 하며 평소보다 두 배 느린 속도로 씻고 나와 당연히 나뿐인 집안을 한 바퀴 싹 돌며 착각으로 결론지었다.

이런 위화감은 종종 있다. 식탁 위에 올려둔 물병의 위치가 바뀐 것 같다거나… 그런데 집에 누군가 있는 게 아닌가 싶은 과격한 생각을 들게 한 사건이 있었는데 동생과 잠시 같이 살 때였다. "언니! 내 옷 어쨌음?" 느닷없이 자기 옷을 입었냐 묻는 동생의 말에 내가 네 옷을 왜 입냐며 "너의 그 하늘하늘한 앵무새 같은 옷은 절대 안 입는다." 대꾸한 채 잘 찾아보라 하고 큰 관심을 주지 않았다. 옷장을 마구 뒤지던 동생은 결국엔 다른 옷을 입고 외출했다.

"야! 니 내 옷 입었제. 어디 놔뒀냐. 똑바로 말해라~!"
이번에는 나였다. "무슨 옷!" 편하다며 내 옷을 자주 입고
나가던 동생은 슬금슬금 자기가 입고 정리하지 않은 옷을
가지고 나왔다. 흠, 그런데 그중에 내가 찾는 옷은 없었다.
동생에게 검은색 반소매 아노락은 어디에 있냐고 묻자 요
상한 표정을 지으며 그 옷은 입은 적 없다고 대답했다. 잘
기억해 보라고 해도 여전히 모르겠다는 대답만 돌아왔다.
역시나 나도 다른 옷을 입고 외출했다.

한 번은 속옷이 없어진 날도 있었다. 이쯤 되니 무서워졌
다. 웬 미친 변태가 속옷을 훔쳐 가나? 빌라 밀집 구역이
라 창문을 열면 바로 옆 빌라의 벽이 과장 조금 보태 손 뻗
으면 닿는 거리에 있어 벽을 타고 기어 올라왔을까? 만약
퇴근하고 돌아왔는데 미처 도망가지 못한 도둑과 마주치
게 된다면 어떡하지? 동생은? 아니 사실 도둑보다 더 무서
운 것은 모르는 사람과 함께 사는 상황이다. 침입자와의
동거. 집 어딘가에, 침대 밑이나 세탁조 안, 베란다 구석의
창고로 쓰는 랙 안쪽에 누군가가 엎드리거나 쭈그리고 앉
아 있다가 나와 동생이 외출하고 없는 출근 시간에 집안을
돌아다니며 내 물건을 건드리고 옷을 입어보고 맘에 드는
옷은 슬쩍 숨기고, 화장실을 마음대로 쓰고… 그러다 우연
히 일찍 집에 들어온 동생이나 내가 미처 숨지 못한 그 침

입자와 마주치게 된다면? 꼬질꼬질하고 덥수룩하게 머리카락을 기른 마른 체구의 사람이 맨발로 우리 집 거실에 서 있는 모습을 목격하게 된다면, 그 사람은 나를 보고 미친 사람처럼 씩 웃으며 "안…녕하세요? 처음 뵙네요." 이 따위 말을 건네고 나는 공포에 놀라 얼어붙어 소리조차 지르지 못하겠지. 봉준호 감독의 영화 <기생충>의 저택 지하처럼 큰 공간이 있는 건 당연히 아니지만, 일반 공동주택에서도 충분히 상상할 수 있는 상황 아닌가? 상상이 이쯤 미치자 한동안은 외출할 때 창문을 항상 잠갔다. 며칠 하다 귀찮아져서 베란다 문을 잠그는 걸로 타협했지만. 그러나 아무리 봐도 침입의 흔적은 없다. 동생도 역시 그럴 리 없다며 옷 정리하면서 버릴 때 잘못 분류해서 같이 버려졌을 것이라는 합리적인 답안을 내놓았다.

이때는 동생과 같이 살아서 그런지 나도 은연중에 우연이 겹쳐 생긴 해프닝일 뿐 심각한 일은 아니라는 생각이 있었던 것 같다. 우선 대학생인 동생은 집을 오래 비우지 않기도 하고 비우는 시간도 불규칙하기 때문에 누가 집에 침입했다면 모를 리가 없기 때문이다. 그런데 다시 혼자 살게 된 상황에서는 쓸데없는 무서운 생각이 다시 고개를 드는 것이다.

미신

나는 어린 시절 귀신과 관련된 온갖 미신을 섭렵했다. 유비무환이라 했던가. 귀신을 무서워했던 어린 나는 절대로 귀신이 나올만한 행동을 하지 않겠단 일념 하나로 미신을 다룬 책이나 뭐 그런 것들을 무서움을 꾹 참고 읽었던 것 같다. 그랬던 게 무색하게도 지금은 공포 영화와 미스터리 소설, 스릴러를 누구보다 좋아하는 사람이 되어버리고 말았지만. 당시에 무서워했던 미신 중 지금도 생각나는 건 잘 때 머리카락을 베개 위로 쓸어 올리고 자면 안 된다는 것과 서랍 문을 열어놓지 말라는 것, 머리를 북쪽이나 물이 흐르는 방향으로 두고 자지 말라는 것, 손깍지를 끼고 자면 가위가 잘 눌린다는 것, 그리고 의자를 책상에서 빼놓지 말라는 것… 지금이야 미신은 미신일 뿐이라 생각하지만 '굳이 안 지킬 이유도 없지 않나.' 싶다.

나는 가구를 놓을 때 신경을 쓰는 편이다. 방을 가장 합리적이고 경제적으로 쓸 수 있는 최적의 가구 배치를 찾기 위해 여러 시도를 하는데, 침대의 머리 위치가 북쪽을 향하지 않도록 한다거나 하는, 웬만하면 지키는 몇 가지 조건들이 있다. 예를 들어 거울과 침대 또는 방문이 마주하지 않게 배치하는 것. 이들을 모두 지키다 보면 결국 어딘가 아쉬운 차선책을 선택하게 되어버려 방 배치가 질릴 때쯤 다시 가구를 이리저리 옮긴다.

　이 이야기를 하기 전에 당시 내 방의 구조와 배치를 짧게 설명하고 싶다. 평면도를 첨부하지 못해 글로만 설명함을 양해 바란다. 우선 정방형의 방을 상상해 보자. 좌측 벽에 거실과 연결된 방문이 있다. 방문을 열고 들어오면 옷장 측면이 보이는데, 평면도상으론 위쪽 벽에 옷장이 붙어있는 모습이다. 옷장과 마주 보는 아래쪽 벽에 침대가 붙어 있고, 문이 달린 벽면에 컴퓨터 책상과 의자가 배치되어 있다. 그 맞은편인 우측 벽은 베란다로 이어지는 큰 창문이 있어 트롤리와 무드등만 있다. 그러면 방의 벽면에 모든 가구가 붙어 있고, 중앙은 비어있는 모습이 된다.

　그날은 정시 퇴근 후 씻고 나와 자기 전까지 책상 앞에 앉아 있었다. 앉아서 뭘 했냐고? 글쎄, 기억을 더듬지 않아도 확신하는데, 다음 날 할 일을 정리한 다음 머리카락을 말리며 유튜브 쇼츠나 인스타그램 릴스를 보면서 도파민을 조금 충전했을 것이다. 그러다 피곤해지면 책상을 정리하고 의자를 정리한 후 무드등을 켜 놓고 형광등을 끄면서 문을 닫고 침대로 들어가 리모컨으로 무드등을 끄고 잠이 들었을 게 분명하다. 지금까지 항상 그래왔기 때문에 그때도 그랬지 싶다. 그날 저녁에도 머리를 말리고…

의자를 얼마나 집어넣었는지는 모르겠지만 평소랑 다름
없이 책상 위를 정리하고 불을 끄고 잠이 들었다. 그리고
다음 날 아침, 알람을 듣고 떠지지 않는 눈을 끔뻑이며 겨
우 몸을 일으킨 참이었다. 그놈의 안구건조증 때문에 눈을
찡그리고 더듬더듬 손을 뻗어 트롤리 위에 항상 놓아두는
인공눈물을 쭉 짜 양쪽 눈에 넣고 눈을 떴는데 의자가 책
상에서 한참 빠져나와 거의 방 중앙에서 침대 방향으로 돌
아가 있는 게 아닌가. 마치 자고 있던 나를 누군가 의자에
앉아 지켜보던 것처럼. 아무리 의자를 정리하지 않았어도
책상 근처에서 놀아야 하는 의자가 책상과는 거의 일 미터
는 떨어진 곳에서, 심지어 내가 쟈는 쪽을 바라보고 있길
래 벼락이라도 맞은 듯 순식간에 잠에서 깼다. '아, 나 이
런 거 무서워하는데.' 나는 어린 시절 괴담 중 하나였던 책
상 귀신 이야기를 가장 무서워했다. 의자를 제대로 책상
안에 넣지 않고 자면 책상 아래에 사는 귀신이 의자에 앉
아 자는 동안 나를 쳐다본다는 그런 괴담. 잠시 머리가 굳
었지만, '미신, 그만. 졸업할 때가 됐다.' 출근 준비를 해야
하는 직장인은 어제 정리를 덜 했겠지, 대수롭지 않게 생
각하기로 했다. 그리고 그날 가위에 눌렸다. 별것도 아니
었다. 누가 다리 잡아당기는 느낌. 왜, 바이킹 같은 놀이기
구를 타면 가끔 경험하는 그런 거. 신경과민으로 자가진

단했지만, 침대 밑으로 푹 꺼지는 느낌과 귓속을 웅웅 울리는 정체불명의 소리는 도무지 적응할 수 없는 축축한 기분이 들게 한다.

피곤이 쌓였는지 그 뒤로도 꽤 자주 가위에 눌리길래 문득 기분도 전환할 겸 방 구조를 바꿔야겠다는 생각이 들어 쉬는 날 목장갑을 꼈다. 전에 침대를 옮기는 게 너무 힘들었던 것이 생각나 침대의 위치가 나쁘지 않기도 했고 많은 힘을 들이고 싶진 않아서 책상과 거울 위치만 바꾸기로 했다. 책상은 90도로 돌려 짧은 변을 벽에 붙여 의자에 앉으면 문 방향을 바라볼 수 있도록 했다. 의자에 앉았을 때 문 밖이 보이는 게 싫었는데, 모니터가 절묘하게 문을 가려줘서 의자에 앉아도 밖이 보이지 않았다. 거울은 원래 책상이 있었던 벽에 붙여 문을 완전히 등지게 했는데, 책상을 돌리기 전에는 침대에서 거울이 보였던 배치였지만 지금은 교묘히 모니터가 거울을 가려주어 생각보다 더 만족스러운 배치에 흡족해하며 왠지 더 아늑해진 것만 같은 느낌마저 받았다. 이 배치라면 이전보다 중앙부의 면적이 약간 줄긴 했지만, 의자 같은 게 튀어나올 일은 없었다. 그리고 몇 달 뒤 나는 퇴사했다.

그리고 다시

퇴사한 지 넉 달째, 최근 계속 머리가 무겁다.

마냥 좋았던 것도 잠시, 태생이 쉬는 걸 못 해서 한 달 정도 쉬고 나니 이런저런 일을 벌이기 시작했다. 이렇게 글을 쓰기 시작한 것도 그즈음이다. 쉬는 동안 여행도 가고 자기계발을 위한 각종 자격증 시험 5건까지, 거의 한 달에 한 번, 많게는 두 번 시험을 치렀다. 게다가 이직처를 정해놓지 않고 이른바 '노빠꾸' 퇴사를 하는 바람에 포트폴리오를 만들고 면접도 보러 다녔다.

근래 몇 달간 바쁘게 살아온 탓에 지친 게 느껴졌다. 이번 달이 유독 심하다. 아침에 일찍 일어나는 탓에 밤 11시쯤 자러 가는데, 이런저런 걱정이 많아서 그런지 눈만 감으면 정신이 말똥해졌다. 근데도 몸은 피곤해서 좀이 쑤실 정도이니 억지로 잠을 청한다. 문제는 통잠을 자지 못하고 한 시간 간격으로 깨는 것. 처음에는 더워서 그런가 싶었는데 방 온도는 23도에 맞춰져 있다. 그렇게 며칠을 고생하니 잠을 자도 잔 것 같지 않았다. 수면 시간 자체가 아주 부족한 건 아닌 것 같은데, 아침에 알람을 끄고 다시 자기 일쑤고 일어나면 머리도 너무 무거웠다. 물속에 들어가 있는 느낌이라고나 할까. 눈알을 굴릴 때마다 약간 딜

레이가 되는 듯한. 이렇게 말하면 웃을지도 모르지만, 시각과 청각과 행동이 다 따로 노는 느낌이다. 친구에게 요즘 이렇다고 말하자 친구는 "너 그거 좀 쉬어야 해."라고 걱정스러운 목소리로 단호히 말해 주었지만 불안한 마음에 쉴 수가 없었다.

강행군 끝에 마주하는 잠만큼 달콤한 것은 없다. 잠들기까지 오래 걸린다고 해도 결국에는 잠들기 마련이니 침대에 누워 기지개를 켜고 몸을 이완시킨다. 평소와 다름없는 베개와 이불, 미리 에어컨으로 온도를 맞춰 놓은 방, '달달달' 약한 소음을 내며 회전하는 선풍기. 완벽하게 세팅된 방에 피곤한 몸과 마음을 이끌고 갑자기 말똥해진 정신으로 누워있는 나. 다소 이질적이라 생각하고는 푹신한 베개가 머리와 목을 제대로 받치도록 위치를 조절했다. 내일은 무엇을 해야 하는지, 일어나자마자 할 일을 눈을 감고 머릿속으로 그려나갔다. '이제는 자야 하는데.' 시계를 보니 벌써 누운 지 한 시간이 지났다. '이런 생각을 하니 더 잠이 안 오는 건가. 자기 위해서는 생각을 멈춰야 할 것 같은데, 제발 생각을 멈춰!'라는 생각을 하며 잠들기 위해 갖은 애를 썼다. 결국에는 잠이 이기고, 생각과 상상이 이어지다 잠에 빠져들려는 그 경계를 넘나들 때, 순식간에 귓속이 먹먹해지며 온몸이 굳었다. 베개가 양쪽에서 귀를 짓누르고 머리가 베개로 빨려 들어갔다. 나를 깨워 줄 사람이 없다는 사실로부터 오는 두려움은 생각보다 빠르게 나를 집어삼켰고 '이건 그냥 가위에 눌린 거야. 곧 풀리겠지.' 침착한 척해보려 해도 머릿속에서는 뭔가 잘못되었다고 외치고 있었다. 이쯤 되면 알아서 풀려야 하는데, 귀를 먹먹하게 만들었던 게 어느새 콧속으로까지 들어와 숨조차 제대로 쉴 수 없었다. 빨대로 숨을 쉬는 듯한 기분에 질식할 것만 같은 공포감이 나를 휘감았다.

 가위눌림이 갑작스럽게 찾아오는 것처럼 풀리는 것도 예측할 수 없다. 깊게 참았던 숨을 몰아쉬듯 허억대며 눈을 떴다. 식은땀으로 목뒤가 서늘했다. 방 안은 너무나도 고요했고 여전히 어두웠다. 일어나자마자 휴대폰을 쥐고 후다닥 침대에서 내려가 불을 켜고는 꼼짝하지 않고 서서 방을 둘러봤다. 그러다 침대로 돌아와 벽에 등을 붙이고 앉아 쿵쿵 뛰는 심장을 진정시켰다. 쥐고 있던 휴대폰을 켜보니 시간은 3시를 가리키고 있었다. 단 한숨도 못 잔 것 같은데 마지막으로 시계를 확인한 뒤로 한 시간이 넘게 지나있었다. 귀를 막고 콧속으로 들어왔던 진득한 공기는 없었다. '자기 전에 괜히 베개를 만졌나.' 베개를 노려보며 애꿎은 베개 탓을 했다. '저 베개를 다시 베고 자도 되는 걸까…' 약간 자신이 없었지만 베개 위에 머리를 뉘었다. 은

박지 씹는 기분이 들었다. 베개를 베는 건 포기하고 끌어안은 채 반대로 머리를 뉘었다. 생각해보니 이 방향이 남쪽이다. 사실 이렇게 자든 저렇게 자든 무슨 상관인가. 그냥 뭐라도 핑계를 대고 싶은 걸 테지. 불을 끌까 하다 그냥 두기로 했다. 도저히 다시 못 잘 것 같은 기분도 잠시, 어느샌가 잠에 들었던지 알람 소리에 눈을 떴다.

가위에 자주 눌린다는 건

스릴러를 좋아하는 만큼 가공의 매체에서 공포감을 느끼는 역치는 아주 높지만, 반대로 직접 경험하는 '의뭉스러운 일'에는 공포 역치가 굉장히 낮은 듯하다. 그리고 그게 하필 '집'에서 일어나는 일들이라는 것도 한몫하는 것 같은데, 외부에서는 항상 누군가와 함께 있으니, 상대적으로 혼자 사는 집에서 발생하는 소음이나, 위화감, 기시감들이 '슈퍼 N'의 상상력을 만나 유독 찝찝한 뒷맛으로 남는 것이다. 집에서 들었던 노크 소리나 물건이 움직이거나 사라지는 것 같은 위화감도 잘은 몰라도 실제로는 공동주택에서 살다 보면 날 수 있는 소리와 내 부주의로 인한 것일 텐데 말이다. 어쨌든 그런 상황들은 여름이면 개봉 예정 영화목록에서 '올여름 더위를 시원하게 날려 줄'이란 문구를 가장 먼저 찾는 사람에게는 한번 '픽'하고 웃으며 털어버릴 나름의 요깃거리가 된다. 비단 나와 같은 사람만이 아니라 혼자 사는 사람이라면 누구나 한 번쯤은 이런 상상을 해보지 않았을까 싶기도 하다. 이렇게 웃어넘길 수 있는 것과는 반대로 가위눌림은 상황이 다르다.

 가위눌림은 나에게 익숙하면서도 익숙하지 않은데, 지칠 때 정말 자주 경험하곤 한다. 많은 경험이 있어서인지 나름의 노하우가 생겨 가위가 눌려도 쉽게 벗어난다. 그러다 보니 가벼운 가위눌림에는 '또 가위눌렸네.'하며 대수롭지 않게 넘길 정도지만 그 정도가 심할 때 체감은 몇 배로 크다. 앞에서 언급한 학창시절의 가위눌림은 적어도 8년 전의 일인데도 여전히 그때의 상황과 기분이 생생하게 기억날 정도이니 말이다. 가위눌림을 한번이라도 겪어 본 적 있는 사람은 공감하겠지만 그 축축한 기분은 쉬이 없어지지 않는다. 이런 기분을 떨쳐내려고 밖에 나가 친구들을 만나 이런저런 이야기를 하며 슬쩍 가위눌렸다고 말하면 대부분은 "진짜? 귀신 봤어?"라며 궁금해한다. 귀신을 본 적은 없는데, 그렇다고 꾸며낼 수도 없으니 "아니, 그냥 기분이 꿀꿀해~"라고 대답한다. 가벼운 질문 뒤에 다른 이야기로 넘어가는데, 왠지 귀신 봤다는 이야기를 해주고 싶어 이제는 귀신을 보기 전에는 가위눌렸다고 이야기하지 말아야지, 다짐하며 꼭꼭 숨기고 있다.

가위눌림은 스트레스로 인한 수면장애의 일종이라고 한다. 천장을 바라보고 똑바로 누워 잘 때 많이 발생하고 무의식중에 겁을 먹은 상태에서 하는 상상들이 반영된다고 하는데, 따져보면 나는 스트레스가 많은 환경에다 스릴러를 좋아하는 성격, 게다가 똑바로 누워 배에 손깍지까지 올리고 자니 가위눌리기에 좋은 사람인 셈이다. 한창 일하는 내 또래 직장인들이 스트레스를 받지 않거나 피곤하지 않을 수는 없을 테지만, 가능하면 나와 같은 경험을 하는 사람이 없길 바란다.

혼자 가는 게
뭐 어때서

박아연[12]

    10여 년 전만 해도 혼자서 밥을 먹거나 카페에 가는 것은 힘든 일이었다. 대다수의 사람들이 다른 사람이 혼자서 왔는지, 혹은 누구와 같이 왔는지 전혀 관심이 없다는 것을 알고 있어도 말이다. 그 자리에 있는 몇몇은 혼자 온 사람에게 관심을 갖고는 했기에.

    "어머, 저 사람 혼자 왔나 봐."

---

12 박아연 : 지방에서 서울로 올라와 학업과 동시에 자취를 시작했다. 2012년, 예술 작품을 감상하기 위해 혼자 미술관을 찾은 이후 혼자 발레 공연을 관람하고, 혼자 여행을 떠나는 등 다양한 경험을 쌓아가고 있다. 타인의 시선에 구애 받지 않고 자신의 관심사와 열정을 추구하는 주체적인 삶을 지향한다.

"혼자 와서 먹는다. 대단한데!"

그 소리는 가끔 의도치 않게 내 귀로 흘러 들어오곤 했다.

돼지고기를 재료로 쓰는 스테이크 식당에 간 적이 있다. 혼자 가는 것이 큰일인 줄 알았던 나였기에 당연히 친구와 함께였다. 청담동 레스토랑처럼 엄청 크거나 고급스럽지는 않았다. 완전한 캐주얼 식당은 아니었지만, 붉은 벤치형 소파가 있는 그곳은 스테이크를 파는 가게치고 아늑했다. 소파 맞은편에는 같이 온 동행이 의자에 앉을 수 있게 되어 있었다. 아직까지 그 가게의 위치나 인테리어는 기억나지만, 같은 시간에 식당 내에 있었던 사람들은 떠오르지 않는다. 단 한 명을 제외하고.

"옆 테이블 남자, 멋지다."

의자에 앉은 친구가 말했다. 벤치형 소파에 앉아 있던 나는 친구가 앉아 있는 방향으로 목을 뻣뻣하게 고정한 채 눈만 옆으로 힐끗 돌렸다가 재빨리 제자리로 되돌렸다. 친구가 말한 자리에는 단정한 검은 머리에 정장을 입은 신사가 양손에 나이프와 포크를 쥔 채 스테이크를 썰고 있었다.

"뭐가?"

고개를 갸우뚱하며 물었다.

"혼자 와서 스테이크 먹는 거. 나도 좀 더 나이 들면 저러고 싶어"

당시 어린 마음으로는 전혀 이해할 수 없었다. 아니, 지금도 완전히 이해하지 못하고 있을지도 모른다. 다만 다른 사람의 시선과 상관없이 자기 본인이 하고 싶은 것을 하는 당당한 모습이 멋있다고 했던 게 아닐까, 하고 짧게 생각해 볼 뿐이다.

세월이 흘러 1인 가구가 점점 많아졌고, 1인 가구를 다룬 예능 프로그램마저 생겼다. 대한민국 전체 가구의 35%가 1인 가구라고 했던가? 이제 식당에서도 어렵지 않게 1인석을 찾아볼 수 있게 되었다. 사람들의 인식도 크게 변화했다. 혼자 식당에 가도 이상하게 보는 사람이 없다. '카공족'(카페에서 공부하는 사람, 주로 혼자 책이나 노트북 등을 가져와 공부하는 사람)이라는 신조어가 생길 만큼 혼자서 카페에 가는 것도 일상이 되었다. 하지만 여전히 1인 가구에게 사회적 벽은 존재한다. 혼자 전시회나 공연을 보러 가는 것은 아직까지 어렵다. 여행을 가는 것은 더욱 그렇다.

미술관 속 여행 : 혼자 관람하는 묘미

스웨덴 국립미술관전에서

예술의전당 한가람미술관, 국립현대미술관, 국립박물관, 서울시립미술관 등의 수백 개 갤러리에서는 365일 하루도 빠짐없이 다채로운 미술 전시가 열리고 있다. 전시회에 가는 것만으로도 우울한 기분이 환기되기도 하고, 막혀 있던 문제에 직면했을 때 창의적인 발상이 떠오르기도 한다.

봄이 찾아오자 푸릇푸릇한 초록 잎들이 기지개를 활짝 폈고, 한겨울 동안 집안에 웅크리고 있었던 사람들은 모두 밖으로 나왔다. 사람들의 발걸음을 따라 나도 삼성역 근처에 위치한 미술관으로 향했다. 그곳에는 스웨덴 국립미술관전이 열리고 있었다. 스웨덴 국립미술관에 있는 원화를 그대로 옮겨온 대한민국 최초의 전시라며 텔레비전에서 대대적으로 홍보했다.

미술관 입구에 들어서자, 건물의 한 벽을 다 차지할 만큼 거대한 포스터가 나를 맞이했다. 포스터에는 화가 칼 라르손의 작품 < 전원 >이 생생하게 그려져 있었다. 하얀색 모자와 드레스를 입고 나무 위에 앉아 있는 여자는 마치 살아 움직이는 듯했다. 뽀빠이처럼 콧수염을 가진 남성은 여자의 손을 살포시 잡고 있었는데, 그림 속 인물들이 나에게 손짓하며 전시회에 오라고 초대하는 것 같았다. 포스터 아래쪽에는 도슨트 시간이 적혀 있었다. 크지는 않지만, 알아볼 수 있는 글씨로 정성스럽게 적혀 있었다.

도슨트 시간: 11시, 14시, 16시
오디오 가이드 있습니다.

평일 오후라 전시장은 한산했다. 몇 년 전만 해도 1만 원 대였던 티켓 가격이 어느새 2만 원으로 올랐는데, 이 가격 인상도 관람객 수에 영향을 미친 것 같았다. 전시장에 들어서자 은은한 헤이즐넛 향기가 나를 반겼다. 커피 향기에 취해 잠시 멍하니 있다가 정신을 차리고 주위를 둘러보니, 앳된 얼굴의 커플과 혼자 온 남자 한 명만 보였다. 사이좋게 오디오 가이드의 이어폰을 한 쪽씩 나누어 끼고 있는 커플은 등 뒤에 대학교 이름이 커다랗게 적힌 점퍼를 입고 있는 것으로 보아, 수업이 끝나고 바로 온 듯 보였다.

다른 사람은 전혀 신경 쓰지 않겠다는 양 나는 오디오 가이드의 이어폰을 귀에 꽂았다. 이내 큐레이터의 차분하고 명료한 설명이 들려왔다. "안녕하세요, 여러분. 지금부터 스웨덴 국립미술관전을 시작하겠습니다." 기계에서 흘러 나오는 목소리는 작품에 담긴 이야기와 화가의 배경을 생생하게 전달해 주었다. 전시장의 조명 아래 반짝이는 그림들은 마치 살아 움직이는 듯했고, 각 작품은 나에게 다가와 자신을 봐 달라며 속삭이는 것만 같았다.

첫 번째로 마주한 그림은 한스 프레드릭 구데의 <샌드빅의 피오르>였다.

"띵동. 노르웨이의 가장 뛰어난 풍경화가 중 한 명인 한스 프레드릭 구데. 그는 평생 노르웨이 산과 피오르를 묘사하는 데 집중하였습니다. 1873년 여름에 이곳을 방문한 구데는 주변 풍경과 선박의 디테일한 묘사를 연습한 뒤 작품을 제작하였죠. 배와 낚싯대, 해안 저편에서 연기가 피어오르는 공장의 묘사에서 세밀함이 돋보입니다."

바로 옆에는 칼 라르손의 대표작 <로코코를 위한 습작>이 있었다. 밝은 색채와 섬세한 붓질이 돋보이는 작품 앞에서 나는 숨을 죽였다. 그림 속 풍경과 인물이 마치 나를 그 시대로 데려간 것처럼 생생하게 다가왔다. 나뭇잎 하나하나, 여성의 표정 하나하나가 마치 살아있는 것처럼 느껴졌다. 수십 명의 사람이 칼 라르손의 작품을 감상하러 왔다가 떠날 때까지 나는 그의 작품 앞에 망부석처럼 서 있었다.

전시장을 걸어 다니며, 나는 벽에 걸린 각 작품의 설명을 읽었다. 설명을 읽을 때마다 그림이 새롭게 다가왔다. 그림 속 이야기와 화가의 삶이 내 눈앞에서 파노라마처럼 펼쳐지는 듯했다. 전시장의 은은한 조명 아래서 그림들은 더욱 빛났다. 각 작품마다 다른 분위기와 감정이 나를 휘감았다.

한 편에 마련된 휴식 공간에서 잠시 멈춰서, 눈을 감고 커피 향기를 깊이 들이마셨다. 그 순간, 미술관의 고요한 분위기와 어우러진 커피 향이 나를 감싸안았다. 다시 전시장으로 돌아와 오디오 가이드의 설명을 들으며, 나는 그림과 하나가 되었다. 그 때, 저 멀리서 귀를 찢는 아주 큰 소리가 들려왔다.

"내가 이거 설명 듣고 가자고 했잖아!"

"아까 들었잖아? 이제 그만 나가자니까?"

아까 그 대학생 커플이었다. 둘이 이어폰을 나눠 끼고 있었던 것과는 달리, 지금은 여자만 이어폰을 귀에 꽂고 있었는데 둘 사이에 실랑이가 벌어진 것 같았다. 그런 두 사람의 모습을 보고 있자니 문득 몇 년 전 언니와 루브르 박물관에 갔던 때가 생각났다.

루브르 박물관은 세계적인 예술 작품이 60만여 점이나 모여 있는 곳으로, 일주일 내내 돌아봐도 모든 작품을 다 볼 수 없다고 한다. 많은 사람들이 죽기 전 꼭 방문하고 싶어 하는 이 박물관에는 하루에도 수만 명의 방문객이 찾아온다. 미술에 전혀 관심 없는 사람조차도 꼭 들르게 되는 곳이다.

우리는 4일간의 파리 여정 중 하루를 루브르 박물관에 쏟기로 했다. 그만한 가치가 있는 곳이기 때문이다. 입장하기 전 제일 먼저, 피라미드 지하 안내데스크에서 오디오 가이드를 빌렸다. 지금은 한국어 가이드가 있지만, 당시에는 한국어 가이드가 없었다. 하는 수 없이 영어 가이드를 빌렸다. 언니와 나는 같이 돌아다닐 예정이라 오디오 가이드를 하나만 빌리기로 했다. 비용이 크게 비싼 편은 아니었지만, 파리에서 다른 미술관도 방문할 예정이어서 최대한 아낄 수 있는 비용은 아끼기로 했다. 우리 둘 다 이 결정을 잘했다고 의기양양해 했지만, 몇 분 지나지 않아 후회하게 되었다.

처음에는 계획대로 언니와 나는 함께 다녔다. 박물관에

들어서자, 우리를 처음 맞이한 것은 조각들이었다. 한쪽 날개를 잃은 승리의 여신, 사모트라케의 니케 조각…

날개를 잃은 승리의 여신상 앞에 다다르자, 마치 우리를 기다리고 있었다는 듯 오디오에서 목소리가 흘러나왔다.

"띠딩. This is for Victory, the Winged Victory of Samothrace…"

이어폰을 한 쪽씩 나누어 끼고 있자니, 목소리에 더욱 집중하게 되었다. 이 작품은 바람에 휘날리는 옷자락과 역동적인 포즈가 특징이었다. 비록 머리와 팔이 없었지만, 그 불완전함이 오히려 더 큰 매력을 주어 보는 이의 상상력을 자극했다. 조각품들 방을 지나, 이내 회화의 방으로 들어갔다.

"언니, 이곳에 모나리자가 있대."

언니의 팔을 툭 치며 한껏 상기된 목소리로 말했다. 심장이 두근거렸고, 기대와 흥분으로 손끝이 살짝 떨렸다. 분명 실내인데도 봄 향기가 불어오는 것 같았다. 모나리자를 결코 놓치지 않겠다는 듯 시야는 더욱 뚜렷해져 사방으로 둘러싸인 유화 작품들이 조금 전보다 훨씬 선명하게 보였다.

"언니, 저기인가 봐!"

사람들이 어딘가로 사라지는 복도 중간을 가리켰다. 궁

전으로 사용할 목적으로 지어진 루브르 박물관은 긴 복도를 따라 양쪽 벽에 유화 작품들이 걸려 있다. 그 복도 중간에 움푹 들어간 방이 하나 있는데, 그 방에 들어가면 커다란 벽에 모나리자 한 점만이 걸려 있다. 도화지에 묻은 작은 점 같다고 할까.

"언니, 나 저 앞에 가야겠어."

내 손끝에는 은은한 미소를 짓고 있는 모나리자가 있었다. 모나리자 주위로 검은 개미 떼들이 몰려 있었다. 모나리자를 보기 위해 몰려든 인파였다. 많은 사람들을 뚫고 앞으로 가서 모나리자를 직접 눈에 담는 것은 어려운 일이었다. 그럼에도 나는 오디오 가이드를 목에 건 채 관람하는 사람들 틈으로 들어가기로 마음먹었다.

"그래, 갔다 와. 난 다른 그림 보러 갈게. 먼저 가고 있을게. 오디오 가이드 이리 줘."

언니가 내 쪽으로 손을 내밀었다.

"오디오 가이드? 나도 들어야지."

오디오 가이드를 손에 꼭 쥔 채 주기 싫다는 양 몸쪽으로 잡아당겼다.

"아니, 나도 들어야지. 너 모나리자 보러 간다며!"

"언니가 같이 가 주면 되잖아!"

"난 다른 그림 보러 갈 거라니까! 이럴 거면 아까 그냥 두 개 빌릴걸.”

“그러게. 따로 다닐 줄 알았으면 두 개 빌릴걸 그랬다!”

“네가 그러면 그렇지! 됐다! 너 혼자 많이 들어라!”

언니와 나를 이어주던 이어폰 하나가 언니의 귀에서 떨어져 나왔다. 언니는 휙 뒤돌아 뒷모습만 남긴 채 유유히 사라졌다. 분홍색 꽃잎이 하늘하늘 날리고 있었는데 내 기분은 어느새 한겨울이 되어 있었다.

“같이 와서 따로 다닐 줄 누가 알았냐고.” 나는 혼잣말로 중얼거리며 어깨를 한 번 으쓱하고는 이내 전투태세로 돌변했다. 모나리자를 빼곡히 둘러싸고 있는 사람들을 뚫고 목적지에 도착하기란 어려운 일일 것이다. 그래도 나는 그것을 해내야 했다. 꼭 이루고 싶은 소망이 있었다. 모나리자의 시선은 동서남북 어느 쪽에서 바라봐도 나를 보고 있다고 했다. 오묘하다고 했다. 그것을 실험해 보고 싶은 욕망이 컸다. 몸을 세로로 만들어 꽃게처럼 옆으로 아장아장 걸으며 사람들 틈을 파고들었다. 영차영차. 이내 모나리자의 얼굴을 바로 앞에서 마주했다. 25호 정도 되는 크기의 캔버스에 그려진 모나리자는 생각보다 크지 않았다. 모나리자는 내가 반가운 것인지 아닌지 모를 정도로 미묘하게 미소 짓고 있었다. 원래는 이렇게 유명하지 않았던 작품이지만, 루브르 보수 공사에 참여한 노동자가 모나리자를 훔쳐내어 유명해졌다던가. 모나리자의 제목이 '모나리자'가 아니라, 'La Gioconda'로 이탈리아어로 '행복한 여성'이라던가. 루브르에서 가장 유명한 모나리자를 마주하니 이 여성은 무슨 생각을 하는지, 레오나르도 다 빈치와는 무슨 사이일지 상상의 나래가 절로 펼쳐졌다. 생각의 블랙홀로 빨려 들어갈 즈음, '띠딩'하는 오디오 가이드 소리에 놀라 현실로 돌아왔다. 모나리자를 직시한 채 오디오 가이드를 들으며 오른쪽으로 이동했다.

"헉, 날 따라왔어." 이번에는 왼쪽으로 이동했다. 모나리자 방에서만큼은 나는 미끄러지는 꽃게가 되었다.

"오, 신기하네." 나도 모르게 내 입에서 감탄사가 흘러나왔다.

그렇게 나는 나대로, 언니는 언니대로 각자의 시간을 보냈다.

잠시 추억에 잠겼던 나는 한 쪽 귀를 파고드는, 그렇지만 조용한 목소리에 다시 현실로 돌아왔다.

"손님, 괜찮으세요?"

전시장 지킴이였다. 대학생 커플과 혼자 온 남자가 전시장을 나갈 동안 전시회장 중앙에서 멍하니 서 있는 내가 격정되어 말을 건 것이다.

"아, 네. 괜찮아요."

나는 겸연쩍게 웃고는 전시회장을 지키고 있는 작품들을 뒤로했다. 스웨덴 국립박물관전 전시회장을 나서면서 예술이 주는 위로와 영감을 온전히 느낄 수 있었다. 혼자 전시회에 와서 작품과 마주하는 시간이 이렇게나 소중하고 값진 시간임을 새삼 깨달았다. 예술이 주는 힘은 정말 대단하다는 생각이 들었다. 그날의 전시회가 오랫동안 내 마음속에 남아 있을 것 같았다.

발레 보러, 혼자라도 갈게요 : 단돈 5,000원의 비밀

공연을 좋아한다. 공연이라고 하면 보통 뮤지컬, 연극, 오페라를 떠올리기 마련이지만 여러 공연 중에 나는 발레를 가장 좋아한다. 연극도, 뮤지컬도, 오페라도 가본 적이 있지만 발레만큼 내 흥미를 사로잡는 것은 없었다.

발레는 독특하다. 사람들의 대사나 노래 가사로 상황을 설명하고 사건을 이어 나가기보다 오로지 몸짓으로 모든 것을 표현한다. 무대 위에서 발레리나들이 펼치는 우아한 몸짓과 섬세한 손짓, 그리고 표정 하나하나가 모두 이야기가 된다. 처음 발레를 접했을 때는 그 미세한 표현을 이해하기 어려웠지만, 시간이 지나면서 발레리나의 몸짓과 표정 속에서 캐릭터의 감정과 상황을 읽어내는 즐거움을 알게 되었다.

마치 물 위를 미끄러지는 백조처럼, 발레리나들은 무대 위를 유려하게 움직인다. 대사나 노래 없이도 그들의 몸짓만으로 모든 것이 설명된다. 그 순간 무대는 단순한 공간이 아니라 감정의 캔버스가 된다. 발레는 그렇게 나를 사로잡았다.

큰 발레 공연, 특히 국립발레단의 공연은 주인공의 독무도 있지만, 주인공 프리마 발레리나가 춤을 출 때 배경에 조연들도 나와서 서로 이야기를 주고받는 등의 몸짓을 하는 점이 흥미롭다. 국립발레단 공연의 하이라이트는 단연코 수많은 무용수가 무대로 올라와 함께 추는 군무가 아닐까 생각한다. 수십 명의 무용수들이 마치 칼각의 정석 아이돌처럼 팔의 각도, 다리 각도 등을 정확히 맞추는 모습은 장관이다.

국립발레단의 서울 공연은 많아야 1년에 다섯 작품 정도이다. 한 작품당 공연을 5일 정도밖에 하지 않아서 국립발레단 공연을 예매하기란 출근하기 위해 새벽 5시 30분에 일어나는 것 정도로 어렵다. 예매 시작 첫날 무조건 예매

해야 하고, 예매 시작 바로 직후가 아니면 좋은 자리는 이미 누군가에 의해 선점되어 있을 확률이 높다.

"어머, 어떡해. 벌써 11시잖아. 10시에 예매했어야 했는데… 두 자리가 남아 있으려나?"

친구 세라와 발레 공연에 가기로 했다. 발레 공연이 처음인 세라에게 나는 국립발레단의 <백조의 호수>를 추천해 줬다. 마침, 국립발레단의 <백조의 호수> 공연 예매 오픈 날이 가까워져 같이 가기로 약속했다. 거실 벽에 걸린 시계를 보니 예매 시작 시각인 10시를 훌쩍 넘어 있었다. 태블릿을 켜고 예술의전당 홈페이지에 들어갔다. 아이디를 입력하고 비밀번호를 입력하면서 손에 땀이 났다.

'이미 매진되어 있으면 어쩌지?'

두근두근.

좌석 예매 화면은 회색으로 도배된 가운데 단 한 자리만 연두색으로 빛나고 있었다. C석이다. 할 수 없이 3층 C석 마지막 자리를 예매했다.

'어쩌지. 한 자리밖에 예매 못 했는데…'

좋지 않은 소식일수록 빨리 알리고 해결책을 강구해야 한다. 다급하게 휴대전화를 손에 들었다.

"나, 예매 못 했어"

"예매 못 했다고?"

"아니, 예매는 했는데, 한 자리밖에 못 했어. 일하다 보니 깜빡했지 뭐야. 11시에 들어갔는데 딱 한 자리만 남았더라."

미안한 마음이 커서 괜스레 주절주절 늘어놓았다.

"… 혼자라도 갈래?"

뜸을 들이다 전화 너머에 있는 친구에게 물었다.

"아니. 나 혼자 어떻게 가. 처음인데."

"그래, 알았어. 다음에, 정말 다음에 같이 가자. <라 바야데르>나 <지젤>도 있으니까. 그때는 내가 표 살게."

친구의 아쉬움을 뒤로 하고 나는 예술의전당으로 향했다. 국립발레단의 <백조의 호수> 매표소가 있는 예술의전당 오페라하우스 1층은 사람들로 북적였다. 웅성거리는 소리에 주위를 둘러보니 삼삼오오 모여 있는 그룹들이 입구 홀을 가득 채우고 있었다. 조금만 움직여도 다른 사람과 금방 닿을 거리였다.

"안녕하세요." 나는 매표원에게 인사를 건네며 팔을 앞으로 쭉 뻗어 핸드폰 화면을 보여주었다.

"안녕하세요. 예매하셨군요. 티켓 여기 있습니다." 매표소 직원은 핸드폰 화면을 빠르게 확인하고 발레 공연 티켓을 내게 건넸다. 티켓을 넘겨받고 자리를 확인하기 위해 꼼꼼히 살폈다.

백조의 호수 3층 D14 열

단돈 5,000원에 발레 공연을 볼 수 있다니! 3층 C석이라는 점에서 아쉬움이 남았지만 가격을 위안 삼았다. 예매한 좌석인 3층 D14 열로 가기 위해서는 많은 인파를 지나야 했다.

"잠시만 지나가겠습니다."

공손하게 양해를 구하며 몸을 휙휙 움직였다. 가파른 계단을 지나 마침내 3층에 도착하니, 3층은 생각보다 한산했다. 오페라하우스 1층 원기둥이 3층까지 이어져 있었는데 3층에는 그 원기둥을 중심으로 의자가 빙 둘러 놓여 있었다. 벤치형 의자에는 드문드문 사람들이 앉아 있었고 빈 곳도 눈에 띄었다.

매해 보러 오는 공연임에도 <백조의 호수>는 볼 때마다 새로운 느낌으로 다가온다. 조명이 어두워지고, 서서히 오케스트라의 연주가 시작되었다. 무대 위로 발레리나들이 등장하며 펼쳐지는 환상적인 무용, 그들의 우아한 몸짓은 마치 백조가 물 위를 미끄러지듯 부드럽고 유려했다. 호수 위를 날아오르는 백조처럼 발레리나들이 가벼운 발걸음으로 무대를 가로질렀다. 수십 명의 발레리나들의 일사불란한 '파세'(Passe, 한쪽 다리로 중심을 서고 다른

다리의 발끝을 중심을 선 다리의 무릎 높이에 대는 자세)
와 유려한 '아라베스크'(Arabesque, 한쪽 다리로 서서 다
른 쪽 다리를 바깥쪽으로 돌려 몸 뒤로 뻗고 두 다리를 곧
게 유지하는 자세)는 나를 환상의 세계로 이끌었다. 무용
수들이 절도 있게 동작을 맞춰 춤을 추는 모습은 매번 새
로운 감동을 준다. 3층에서 바라보는 무대는 또 다른 매
력이 있었다.

혼자 가는 단체여행

 따스한 햇살이 창문을 타고 들어와 눈을 간지럽혔다. 밝
디밝은 햇빛 때문인지 아니면 설렘 때문인지 눈꺼풀이 번
쩍 뜨였다. 오랫동안 고대하던 하동으로 여행가는 날이
다. 일반적인 여행이었다면 이렇게 기대하지 않았을지도
모른다. 여행사의 2~30명 단체투어를 예약했다. 나만 혼
자 온 사람일까 봐 두려움도 있었지만 혼자서 단체투어를
가고 싶다는 마음이 훨씬 앞섰다. 왠지 혼자 가고 싶었다.
하동 투어는 새벽 6시 시청역에서 시작했다. 시청역 2번
출구로 올라가니, 지네 몸통처럼 버스들이 줄지어 서 있었
다. 하동 가는 버스만 있는 게 아니리라.
 줄지어 서 있는 버스를 2대 지났을까, 버스 전광판에서

'나만 몰래 가는 하동 투어'라고 반짝이는 것이 보였다. 내가 예약해 놓은 투어다.

"반갑습니다, 고객님. '나만 몰래 가는 하동 투어'입니다."

노란 모자에 파란 조끼를 입은 젊은 남성이 손을 팔랑거리며 반겼다. 예약 번호를 보여주니, 옆으로 비켜서며 버스 안으로 들어갈 수 있게 해주었다. 자리에 앉아 있으니, 시원한 에어컨 바람에 눈이 절로 감겼다. 이런 나의 단잠을 두고 볼 수 없다는 듯 카랑카랑한 목소리가 귀를 찔렀다.

"반갑습니다, 고객님. 저는 오늘 투어를 도와드릴 가이드입니다. 투어 중간중간 제가 퀴즈를 낼 텐데 잘 맞추시는 분께! 소정의! 선물이 있으니 잘 참여해 주세요!!"

"네~~!"

나는 창가에 앉아 있었는데, 내 옆자리에서 큰 소리가 들렸다. 눈을 떠 옆을 힐끗 보니 빨간색 등산점퍼를 입은 여성이 야무지게 선캡 모자까지 쓰고 있었다. 햇빛이 강한 터라 아주 단단히 준비한 듯했다.

24명을 실은 관광버스는 고속도로를 끊임없이 달려 정오에 이르러서야 하동에 도착했다.

"여러분, 자 이제 하동에 도착합니다. 즐거우시죠?"

"네~~!"

이번에도 역시나 옆의 목청이 큰 아까 그 아주머니였다. 자리를 잘못 잡았다고 후회했다. 살짝 흘긴 눈으로 째려보다가 다시 눈을 감았다. 이내 몸이 좌우로 흔들렸다. 지진이라도 난 걸까.

"아가씨, 하동 다 왔다고. 이제 내릴 거래."

옆자리 아주머니가 나를 흔들고 있었다.

"네, 알아요."

자다 깨 짜증이 나서 나도 모르게 살짝 퉁명스러운 목소리로 대답했다.

"다들 배고프시죠? 금강산도 식후경! 저희의 첫 순서는 바로~ 식사 되겠습니다! 하동 하면 어떤 음식이 떠오르시나요?"

"하동에 뭐가 유명한지 알아?"

"저야 모르죠. 아, 차 유명하지 않나?"

투어 가이드가 질문했고 옆에 있던 아주머니의 물음에 내가 대답했다.

"자, 바로 대통밥이랍니다! 대나무로 밥을 지은 대통밥에 지리산에서 자란 채소로 만든 나물로 만들어진 한상차림이랍니다. 자, 좋으시면 박수 한번 주세요~"

"짝짝짝 짝짝짝."

우레와 같은 박수 소리가 공기를 타고 흘러넘쳤다.

끼리끼리 식사를 따로 할 줄 알았는데 기다란 테이블 2개에 12명씩 나눠 앉았다. 좌식 테이블에는 대통밥을 제외하고 이미 한 상 가득 나물들과 생선구이, 갈비찜, 된장찌개, 미역국이 차려져 있었다. '나만 몰래 가는 하동 투어' 일행이 자리에 앉자, 새빨간 앞치마를 두른 식당 차리미가 대통밥을 들고 들어왔다. 연두색 대나무 통에 담긴 밥이 내 앞에 놓였다.

"여러분, 다들 대통밥 받으셨죠? 안 받으신 분 손들어보세요. 좋습니다. 다들 맛있게 드세요."

투어 가이드의 말을 끝으로 씹는 소리를 제외하곤 한동안 아무 소리도 들리지 않았다. 다들 대통밥을 먹느라 정신없는 것이리라.

대통밥 뚜껑을 여니, 오랫동안 갇혀 있던 하얀 안개가 올라왔다. 대통밥 안에는 밤, 콩, 대추 등 다양한 재료와 함께 쪄낸 밥이 있었다. 내 젓가락은 지독하게도 갈비찜만을 공략했다.

"아가씨, 이거 지리산에서 자란 참나물이야. 내 여태껏 오십 평생 살면서 이렇게 맛있는 참나물은 처음일세. 나중에 후회하지 말고, 자 아가씨도 먹어봐."

아까 옆자리 아주머니였다. 참나물을 젓가락으로 집어 내 대통 밥 위에 놓아 주었다.

'언제 내 옆에 왔지? 분명히 내 옆자리가 아니었는데.'

"아이, 참. 저 나물 안 먹는데…"

그러면서 한 숟가락 크게 밥과 함께 숟가락 위에 올려져 있던 참나물을 입안에 넣었다. 어릴 적 보았던 애니메이션 <요리왕 비룡>처럼 번개 맞은 듯 머릿속에는 '미미(美味)'라는 글자만 떠올랐다. '아름다울 미', '맛 미'였던가.

"맛있다"

새침한 척하던 내 입에서 절로 소리가 튀어나왔다. 내 반응을 본 옆자리 아주머니는 빙그레 웃고 있었다.

"거봐, 맛있지? 여기 지리산에서 캔 취나물이랑 명이나물도 맛있으니까 한번 먹어보드래이."

"네."라고 대답하며 나도 웃음으로 보답하였다.

옆자리 아주머니는 이상하게도 처음부터 나를 신경 썼다. 분명히 같이 온 일행이 있는데도 나를 더 신경 썼다. 하동으로 가는 차 안에서는 자신이 챙겨온 과자를 나눠주려고 했다. 내가 거절했지만. 혼자만의 여행을 즐기려던 내 계획은 아주머니로 인해 산산이 부서졌다. 그럼에도 싫지 않았다. 아니, 오히려 좋았다고 말하는 게 더 옳았다.

"갈비찜도 맛있더라고요. 한번 드셔 보세요."

이번에는 내가 먼저 아주머니에게 권했다. 그것을 시작으로 우리는 도란도란 이야기를 나누었다. 서울 어디 사는지, 무슨 일을 하는지, 어떻게 혼자 올 생각을 했는지, 형제는 있는지. 아주머니는 등산 동호회와 여행을 온 거라고 했다. 동호회 회원들은 초등학교(당시에는 국민학교) 동창 사이라며 남편으로부터 해방되어 너무 좋다고 했다. 두 아들이 있는데 둘 다 대학생이라면서 어릴 때는 아주머니를 졸래졸래 따라다녔는데 이제는 같이 나다니는 것을 싫어한다고도 했다. 나의 어머니와 잠시 겹칠 뻔한 순간이었다.

"여러분, 밥 맛있게 드셨죠?"

가이드의 카랑카랑한 목소리가 나를 현실로 돌아오게 했다.

"네!!"

나와 아주머니가 동시에 대답했다. 우리는 서로 마주 보며 '푸훗' 웃었다.

"이제 저희는 빠르게 움직일 거에요. 첫 번째 투어 장소는~~~ 마고성과 삼성궁입니다. 자, 여기서 퀴즈 나갑니다. 지리산 자락에 와서 돌로 마고성을 쌓은 천지의 어머니인 이분은 누구일까요?"

"어렵네. 힌트 좀 주소."

뒷자리 아저씨가 말했다.

"자, 4글자입니다."'

"마고 성주 아입니까?" 방금 힌트를 요구했던 아저씨다.

"땡. 틀렸습니다."

"마고……마고……마고 어멈!"

내 옆 아주머니가 곰곰이 생각하더니 퍼뜩 생각났다는
듯 소리쳤다.

"마고 할멈?"

혼잣말로 내가 중얼거리니 가이드가 되물었다.

"뭐라고 하셨죠?"

"마고……할멈?……할미?"

"네~ 정답자가 탄생했네요. 정답은 '마고 할미'입니다.
하동에서 나고 자란 하동 녹차 교환권 드리겠습니다."

카드 크기의 녹차 교환권을 가이드로부터 건네받았다.

도인들이 차츰차츰 떠나 이제는 관광지로 남겨진 마고성
과 삼성궁은 연못이 있어 마치 신선이 살았다는 것이 믿어
질 만큼 위에서 내려다본 경치가 신비로웠다.

"아가씨, 빨리 와."

마고성을 걷는 돌길 위에서 아주머니가 소리높여 나를 향해 손짓했다. 마고성을 지나 최참판댁을 둘러볼 때도, 하동 녹차밭을 거닐 때도, 아주머니는 나를 살뜰히 챙겼다. 언젠가부터 나는 여행을 함께하고 있는 다양한 사람들과 교류하고 있었다. 그것도 아주 즐겁게.

　처음에는 그저 혼자만의 시간을 보내고 싶어 참여한 단체여행이었지만, 예상치 못한 만남과 따뜻한 배려 덕분에 마음을 열고 다른 사람들과 소통하는 즐거움을 알게 되었다. 이 여행은 나에게 독립심뿐만 아니라, 새로운 사람들과의 만남이 주는 즐거움과 중요성을 일깨워주었다.

제3장

1인 가구도
관계다

대학까진

보내야지

허은혜[13]

2023년 기준으로 대한민국에서 반려동물을 양육하는 가구의 비율은 약 28.2%로, 역대 최고치를 기록했다. 약 638만 가구가 반려동물을 기르고 있으며, 이 중 개를 키우는 가구가 81.6%, 고양이를 키우는 가구가 28.6%를 차지한다. 반려동물 양육 가구의 수와 비율은 지속해서 증가하

---

13 허은혜 : INTJ 여자이며 개와 고양이를 너무 좋아한다. 9살 때부터 계속 개와 함께 살아왔으며 현재는 봉봉이와 함께 살고 있다. 운동, 일, 봉봉이 케어, 독서 — 이렇게 심플하게 삶을 구성하여 최대한 스트레스 없는 삶을 살려고 노력한다. 현재 가장 걱정되는 건 봉봉이가 아프거나 더 나이 드는 것. 매일 봉봉이에게 10년만 더 나하고 살아달라고 주입식 교육을 하고 있다.

고 있으며, 반려동물과 함께 생활하는 인구의 수는 전체의 32%인 약 1,530만 명에 달한다.[14] 그중 한 명이 바로 나다.

개와 함께 사는 부자들

요즘 공원이나 길거리에만 나가도 개와 산책하는 사람들을 정말 많이 볼 수 있다. 특히 내가 사는 지역은 1인 가구의 비중이 높은 곳이라서 그런지 집 앞 공원에 나갔을 때 개가 한 마리라도 안 보이면 이상할 정도이다. 그 정도로 많은 사람이 다양한 개들과 산책을 즐긴다.

그러다 보니 나 같은 사람을 지칭하는 '펫팸족'[15]이라는 신조어도 생겼다. 반려동물을 가족처럼 생각하는 우리는 반려동물의 건강 관리, 먹이, 장난감, 용품 등에 아낌없이 투자한다. 나만 해도 내가 먹을 쌀은 안 사도 봉봉이가 먹을 사료는 중간 고급 제품으로 떨어지지 않게 쟁여두어야 맘이 편하다.

펫보험, 펫카페, 펫호텔 등 펫 관련 서비스도 다양하다.

---

14 동물복지 의식조사, 소통하는 수의사 신문 데일리벳, 2023.6.24
15 펫팸족 : '펫'과 '패밀리'의 합성어로, 반려동물을 단순한 애완동물이 아닌 가족의 일원으로 생각하고, 그에 맞는 생활 방식을 실천하는 사람들을 지칭한다.

애견동반 카페는 벌써 성행한 지 오래고 이젠 음식점, 심지어 영화관까지 항상 그들과 함께이고 싶은 반려인들을 겨냥한 상품들이 많다. 최근에는 제주도로 가는 반려동물 탑승 전용 비행기 편도 생겼다.

　지금까지는 개와 함께 일반 비행기를 이용하려면 이동 가방 무게를 포함하여 5kg 이하의 개만 탑승이 가능했다. 그 이상의 무게가 나가는 개는 수화물로 분류되어 캐리어를 싣는 짐칸에서 이동장 안에 갇혀 긴 비행시간을 홀로 견뎌야 했다. 봉봉이는 몸무게만도 6kg이 넘기에 우스갯소리로 "봉봉이랑 비행기 타고 여행 가려면 죽음의 다이어트를 시켜야 해." 라고 했었다. 그러다 보니 같이 비행기를 타고 갈 정도의 먼 곳으로 놀러 간다는 건 꿈도 꾸지 못했다. 하지만 이제 제주도 비행편이 생겼으니 개가 탑승 가능한 해외로 가는 비행기편도 곧 나올 것 같다.
　다만 반려동물 탑승 전용 제주도 비행편은 금액이 좀 비싸다. 70만원 정도로 일반적인 제주도행 비행기 표에 비하면 2~3배가 넘는 금액이다. 하지만 '일상에서 벗어나 맛있는 걸 먹으며 온전히 쉴 수 있는 여행을 나의 개와 함께할 수 있다.'는 것이 셀링포인트. 이 포인트의 메리트가 어느 정도냐면 여행을 그리 좋아하지 않는 집순이이자 모든 소비를 가성비에 입각해서 하는 나조차도 '이 정도의 금액을 지불하더라도 한번쯤은 나의 개와 함께 여행 가보고 싶다.'고 생각하게 만들 정도이다.

  이렇게 반려인들은 그들이 가족으로 생각하는 반려동물을 위해 아낌없이 지갑을 연다. 나도 웬만하면 약속을 잡을 때 개를 동반할 수 있는 곳을 선호하고 같이 가지 못할 경우엔 장시간 집을 비우는 것을 꺼린다. 이렇게 나 같은 '펫팸족'의 급격한 증가로 코로나를 기점으로 한국의 반려동물 시장은 급속한 성장을 경험하고 있으며, 향후 몇 년 동안에도 상당한 성장이 예상된다고 한다. 구체적으로 말하자면 2022년 기준 시장 규모는 7조원(약 62억 달러)이었으며, 정부는 2027년까지 이를 두 배인 15조 원(약 114억 달러)으로 늘리는 것을 목표로 하고 있다나?[16]

『인간관계론』[17]에서 데일 카네기는 개들이 인간에게 사랑받는 이유에 대해 다음과 같이 말한다. 첫 번째, 조건 없는 사랑. 개들은 주인이 부자건 가난하건, 잘생겼건 못생

---

16 반려동물시장의 미래, 중앙일보, 2022.6.27
17 『카네기 인간관계론 - 인간관계를 잘하는 6가지 방법』 : 데일 카네기(Dale Carnegie)가 쓴 책이다. 인간관계를 개선하고 사람들과 효과적으로 소통하는 방법을 제시하고 있으며, 개인의 성공은 단순한 기술적 능력보다 인간관계에서의 능력에 더 크게 좌우된다고 주장한다.

겼건 자신의 주인이라는 이유 하나만으로 조건 없이 주인을 사랑한다.

두 번째, 항상 반기는 태도. 개들은 주인이 집에 돌아올 때마다 기쁘게 맞이한다. 때로는 '꼬리펠러'[18] 를 돌리고 탭댄스를 추며 단지 내가 그에게 다시 돌아왔다는 이유 하나만으로 따뜻하게 맞이하고 반겨준다. 나만 해도 집에 문을 열고 들어갈 때 하는 말이 매번 "봉봉아~ 누나 왔다!"이다. 내가 돌아오면 항상 나와서 눈을 맞추고 꼬리펠러를 돌리며 반겨 줄 것을 알기 때문이다. 작년에 봉봉이의 건강검진 후 스케일링 때문에 잠시 병원에 맡겨 두고 나 혼자 집에 3시간 정도 있었는데, 집안 곳곳에 봉봉이의 흔적이 보여서 그 잠깐의 시간도 너무 힘들었다.

마지막으로 지속적인 관심. 가만히 생각해 보니 집에 같이 있을 때 봉봉이의 시선이 나한테서 떨어지는 적이 거의 없는 것 같다. 심지어 아침에 운동 갔다와서 샤워를 하면 봉봉이는 항상 화장실 문 앞에서 내가 나올 때까지 기다린다. 또 내가 부모님 집에 가서 방에서 문을 닫고 잠이

---

18 '꼬리펠러' : 주로 개와 같은 반려동물의 행동에서 사용되는 용어이다. 개가 꼬리를 마치 헬리콥터의 프로펠러처럼 빠르게 흔들며 기쁨과 흥분을 표현하는 행동을 가리키는데, 이러한 행동은 일반적으로 개가 매우 행복하거나 흥분했을 때 나타나며, 주로 주인이나 가족을 만났을 때, 놀이 시간, 또는 맛있는 간식을 받을 때 볼 수 있다.

라도 잘라치면, 문 앞에서 내가 깨기만을 계속 기다린다. 이렇게 개들은 주인의 관심을 지속해서 요구하지만, 왜 나를 이만큼 사랑해주지 않느냐며 투정부리지 않는다. 자다가도 이름을 부르면 벌떡 깨서 달려올 정도로 항상 주인을 우선순위로 생각하고 그들의 생명이 다할 때까지 지치지 않고 계속해서 주인을 사랑한다.

"아무리 가난하고 돈이 없어도 강아지와 함께 살면 부자가 된 기분이 든다."라고 루이스 사빈이라는 영국의 소설가도 말했듯이, 반려동물을 키우면 정서적, 사회적, 신체적, 안전적 측면에서 다방면으로 긍정적인 영향을 주기 때문에 반려인구가 늘어나고 있는 것이 아닌가 생각해 본다. 그리고 난 내 개와 영원히 함께 살기 위해서 기분이 아니라 실제로 내가 부자였으면 좋겠다.

오천만 원이 필요해

"나 지금 오천만 원짜리 시계 찼지만 나는 너를 훨씬 아끼지 babe" (박재범 <All I Wanna Do>)

강아지를 복제하는 데 오천만 원이 든다고 한다. (최소로 잡은 것이고 실상은 1억 가까이 든다고 한다.) 누구는 노래 가사처럼 오천만 원을 시계를 사는 데 쓸 수도 있고, 차를 사는 데 쓸 수도 있겠다. 그런데 나는 내가 그만큼의 돈을 자유롭게 쓸 수 있는 부자라면 우리 봉봉이(시츄, 12~14세, 땅콩 없는 할아버지[19])를 복제해서 영원히 함께 잠시도 헤어지지 않고 같이 살고 싶다. 실제로 대기업 모 회장은 자기의 반려견을 3번이나 복제해서 계속 같이 살고 있다고 한다. 어찌나 부러운지! 로또는 언제 당첨되나? (일단 로또를 사야 당첨이라도 되지.)

자, "그 개는 너와 함께 살아온 세월이 있는 똑같은 개가 아니다. 영혼이 다른 개일 것이다."라는 비판은 조용히 넣어 두시라. 자신의 반려견이 언젠가 나보다 먼저 무지개다리를 건널 거라는 생각만 해도 눈물이 나는 반려인들은 그냥 나를 항상 바라봐주던 아이가 내 옆에 영원히 있어 줄 수 있다는 생각 하나만으로도 신나버리니까. (물론 모두가 다 그럴 거라는 건 아니다.)

2010년생이라고 출생등록이 되어있고, 나도 그렇게 우기고는 있지만 실제로는 2012년생인 것 같은 우리 봉봉이와 서울에서 다시 둘만 같이 살게 된 지 이제 약 4년 차다.

---

19 땅콩 없는 할아버지 : 일반적으로 중성화한 수컷 개나 고양이를 지칭할 때 '땅콩이 없다.'라는 표현을 사용한다.

다음 에피소드에서 자세히 이야기하겠지만, 봉봉이를 처음 입양하고 같이 살기 시작했을 땐 내가 질풍노도의 '삼십춘기'[20]를 보낼 때여서 잘 해주지 못했다. 심지어 생년월일도 헷갈리는 걸 보면 말 다 했지.

강아지 출생등록은 반려견의 신원을 공식적으로 등록하여 관리하는 제도이다. 이 제도를 시행하게 된 것은 반려견의 유기와 유실을 방지하고, 책임 있는 반려동물 문화를 조성하기 위해서다. 반려동물 문화의 발전이 늦은 한국에서는 2014년부터 반려견 등록제가 의무화되기 시작했고 2020년까지도 등록하지 않은 가정이 많았다. 나도 서울에서 봉봉이와 둘이 살게 된 2020년 늦게서야 등록의 필요성을 느껴서 등록하게 되었다. 매일 봉봉이와 회사를 다니는데 혹시라도 인파에 휩쓸려 봉봉이를 잃어버리지 않을까 하는 걱정 때문이었다. 그래서 그때 봉봉이는 강아지의 신원을 확인하기 위해 내장형 마이크로칩을 귀에 삽입했고, 등록증까지 발급받았다.

그 시점이 아마 등록하지 않으면 벌금을 부과하는 조치로 반려동물 등록 의무화를 촉진하던 때였던 것 같다. 돈

---

20 삼십춘기 : 30대에 접어든 사람들이 겪는 심리적, 정서적 변화를 일컫는 신조어이다. 사춘기와 마찬가지로, 인생의 새로운 단계에서 겪는 혼란과 고민을 표현한다.

들여서 왜 등록을 하냐는 부모님을 '벌금 낸다.'는 말과 '서울은 등록 비용이 싸다.'는 말로 설득시켰다. 이미 어르신이 다 된 개를 그제서야 등록하려고 하니 생년월일이 기억날 리가 있나. 그래서 그냥 감에 의존해서 출생신고를 했다. 예전에 부모들이 자식 출생신고를 늦게 해서 나이가 깎이는 경우가 많았다지만 오히려 봉봉이는 주인의 기억력 상실 때문에 더 나이든 개가 되어버렸다.

요즘 사람들은 개의 생일도 잘 챙겨준다. 누가 보면 유난하다고 할 수도 있지만, 개가 먹을 수 있는 생일케이크를 사고 모자도 씌워서 사진 찍어주고 하는 게 유행이다. 하지만 나쁜 주인을 가진 봉봉이는 생일과 정확한 나이도 모르는 개가 되었다.

너와의 첫 만남, 현금 서비스

자유로운 영혼인 나는 어린 시절을 통제 성향이 강한 엄한 부모님 밑에서 말 잘 듣는 착한 아이 코스프레를 하며 보냈다. 지금 생각해 보면 학생 때는 좋았던 기억이 별로 없다. 그렇게 부모님과 함께 지내는 동안 진정한 나 자신으로 온전히 살지 못했던 나는 '삼십춘기'를 심하게 앓았다.

20대 후반부터 진행된 '삼십춘기'의 증상을 세 가지로 요약하자면 책임감 없음, 내일 없음, 생각 없음 — 이렇게 3무로 설명할 수 있겠다.

이십 대를 열심히 살면 삼십 대가 다르고 삼십 대를 열심히 살면 사십 대가 다르다고 했던가? 사춘기보다 무섭다는 '삼십춘기'를 겪으며 나의 삼십 대는 솔직히 말하자면 죽지 않고 버텨내는 게 고작이었고 나에 대한 관리가 잘 안 되니 밖으로 향하는 에너지와 인간관계가 잘 될 리 없는 게 당연했다. 그렇게 일로든 사적으로든 좋은 기회, 좋은 인연들을 전부 떠나보냈다. 지금 곰곰이 생각해 보면 난 참 많이도 미련했고, 서툴렀다.

그렇게 힘든 시기에 만나게 된 것이 바로 봉봉이었다. 12년 넘게 지났는데도 아직도 봉봉이를 데려오던 날의 지하철 개찰구, 만났던 순간이 눈앞에 생생하다.

은둔형 폐인[21] 생활을 하며 살던 나는 인터넷에 올라온 녀석을 보고 한눈에 반했다. 한 달에 한 번 정도 외출하고, 밖에 나가는 일이라곤 쓰레기 버리러 나가는 일뿐이었던 내가 돈이 있을 리가 만무했다. 그래도 녀석과 함께 살고

---

21 은둔형 폐인 : 사회적 활동을 최소화하거나 완전히 중단하고 집 안에만 머무르는 사람을 일컫는 말이다.

싶었던 나는 카드 현금 서비스를 해버렸고 그렇게 이 아이는 내 옆에 왔다.

정기적인 수입도 없이 현금 서비스와 카드 리볼빙으로 생활비를 충당하며 살던 나는 그때 봉봉이보다 먼저 같이 살게 된 고양이까지 데리고 있었다. 시크한 고양이인데도 봉봉이보다 더 애교가 많던 내 고양이 레이. 하루하루를 생각 없이 살던 나는 결국 카드빚을 도저히 견디지 못하고 다시 부모님 집에 들어가게 되었다. 난 지금도 가끔 그 생각을 한다. 제발 그때의 나에게 누군가 이렇게 말해줬더라면. "님아, 그 강을 건너지 마오."

고양이는 절대 안 된다는 엄마 때문에 친구에게 봉봉이보다 먼저 같이 살던 가족 같은 고양이 레이를 맡기게 되었다. (말이 맡긴 거지 버린 거나 뭐가 다를까? 이 사건이 준 상처는 아직도 낫지 않은 채 내 마음속 한쪽에 남아있다. 아마 평생 잊지 못할 것 같다.) 게다가 따로 살던 삶이 익숙한 가족이었기에 사사건건 부딪쳤다. 그랬기 때문에 그 후 다시 독립하기 전까지 몇 년간의 기억은 거의 머릿속에서 없을 정도다. 지금도 생각하기조차 싫을 정도로 고통스러웠던 것 같다. 가끔 이런 생각을 한다. 그때로 다시 돌아간다면 무슨 일이라도 해서 꼭 돈을 벌어 우리의 평화로운 생활을 지킬 거라고.

그렇게 나만 엄청 사랑해 주던 봉봉이와 둘만의 세계에서 지내다가 부모님 집에 같이 살게 되었다. 아마 녀석의 작은 머리로는 세상이 변하는 충격이었을 것이다. 갑자기 시작된 더부살이로 인해 정체성에 혼란(?)을 겪다가 부모님께 적응해서 나름대로 잘 지내던 녀석은 이제 다시 온전히 나와 지내게 되면서 원래의 고집쟁이 외동 개의 성격이 모두 돌아와서 아주 기세등등해졌다.

게다가 산책 교육을 못 하고 키워서 밖에서는 잘 걷지도 못하던 쫄보가 이젠 하네스를 하고도 어디든 자유롭게 잘 다닌다. 1년 가까이 매일 같이 출근하면서 훈련한 결과다. 오, 놀라워라! 이미 사람 나이로는 60세 가까이 된 강아지도 변화시키는 교육의 힘! (혹은 나의 사랑을 기반으로 한 노력!)

질풍노도의 '삼십춘기'를 보내고 나니 사십 대가 된 나에게 남은 것은 나 자신과 나의 그런 세월을 오롯이 함께 보내준 내 강아지 봉봉이 뿐이다.

제대로 된 삶을 살지 못해 잠깐 부모님 댁에 맡기고 아예 돌봐주지 못한 시간도 있었고, 서울에 자리 잡기 전까지 강아지를 키울 수 없는 주거공간에서 1년 남짓 살았기에 그동안은 아예 떨어져 지낼 수밖에 없기도 했다. 그렇게 상당한 시간 보살핌을 제대로 못 해줬던 게 부채감으로 남아 요즘은 내게 주어지는 휴식 시간이 있다면 거의 무조건 봉봉이와 함께하는 걸 우선순위로 생각하고 있다.

너로 인해 내가 달라져

원래 집에 한 번 들어가면 절대 집 밖을 나오지 않는 극 내향형인 나는 이제 "비가 오나~ 눈이 오나~ 바람이 부우나아~", 몸이 아프든 바쁜 일이 있든 '1일 2외출 2산책'은 필수인 사람이 되었다. 별안간 부지런해졌느냐고? 그냥 실외 배변을 고집하는 개와 함께 살다 보니 어쩔 수 없을 뿐이다. 실외 배변이 뭐냐고? 말 그대로 모든 용변을 실외에서 해결하는 것을 말한다. 봉봉이는 집에선 절대 배변을 하지 않는다. 개 주인과 애착이 강하면 실내에서 배변하지 않으려 한다는 둥 여러 가지 말들이 있지만, 난 모른다. 엄마에게 잠시 맡겨 놓는 동안 엄마가 만들어 놓은 습관이다. 아마 배변판에 용변을 봤을 텐데, 얘는 배변판 안에다가 맞추어서 하는 게 아니라 배변판을 발로 밟고 쉬는 밖에다 해버리는 습관이 있었다. 그러다 보니 용변을 보면 엄마 아빠한테 혼났을 거고, 소심하게 더부살이 시작한 처지에서 어떻게 하면 잘 보일 수 있을까 고민했겠지. 그러다가 엄마가 시간 맞춰 밖에 데리고 나가줬을 테고 그

때 용변을 보면 칭찬도 받고 그랬을 거다. 재주를 학습하진 못했지만, 눈치를 습득한 고집쟁이 개 봉봉이는 그러다 보니 '실내에서 배변하면 혼이 나고 실외에서 배변하면 칭찬을 받는구나. 밖에서만 용변 봐야겠다.' 하고 그 작은 머리로 생각하고 계속해서 그 고집을 지키고 있다.

개는 10시간 동안 용변을 참을 수 있다고 한다. 하지만, 인간의 입장에서 생각을 해보자. 용변이 마려운 걸 바로 해결하면 되는데 계속 참고 있어야 하는 답답함을! 그래서 내향형이자 집순이인 내가 집 밖을 그리도 자주 나갈 수밖에 없게 된 것이다. 나의 일과는 이렇다. 5시 40분 기상, 봉봉이 아침 쉬, 아침 운동, 출근, 점심에 집에 들러서 봉봉이 점심 쉬하면서 공원 산책(집과 회사는 엘리베이터만 잘 맞으면 약 6분 30초 거리이다), 퇴근 후 봉봉이 저녁 쉬하면서 공원 산책, 오후 운동, 봉봉이와 함께 탄천 고라니 길 걷기 with 개모차[22](약 한 시간 코스) — 이 일정을 다 소화하면 나의 하루는 끝이 난다. (헉헉)

집 밖의 거리에선 한 걸음도 걷지 않고 버티던 봉봉씨는 어디 가고, 지금은 어디 나가는 걸 무척 좋아한다. 바로 직전 회사인, 강아지 동반 출근이 가능한 회사에 다닐 때 이

---

22 개모차 : 애완견을 위한 유모차를 뜻하는 신조어이다. 반려동물 문화가 발달하면서 등장한 용어로, 개와 산책할 때나 외출할 때 사용된다.

동 가방으로 사용했고 이제는 부모님 집에 갈 때나 어디 놀러 갈 때 사용하는 가방을 갖고 나오면 무조건 가방에 탑승해버린다. 나 못지않게 집에만 붙어 있으려고 하고 어디 산책하러 가는 것도 무서워하고 나가는 것 자체를 싫어하던 녀석이 이렇게 바뀐 것이 뿌듯하기도 하지만, 한편으로는 지금처럼 기운이 적어진 할아버지일 때 말고 기운 넘치는 짱짱한 청소년 개, 청년 개일 때 아주 많이 데리고 다니면서 좋은 추억을 만들 걸 하는 아쉬움이 정말 진하게 남는다. 심지어 어린 시절에는 찍어놓은 사진조차 없다. 아, 대체 나는 뭐 하고 살았던 걸까? 지나고 나서야 그때가 좋았던 때인 걸 깨닫는 인간의 어리석음이란!

대학까진 보내야지

내 눈에는 아직도 새끼 강아지인데 요즘엔 밖에 산책하러 데리고 나가면 사람들이 항상 한마디씩 얹는다. "아이고, 얘는 나이가 좀 있나 보네." 결코, 악의가 있어서 하는 말들이 아닌 것은 안다. 하지만 그런 말을 들을 때마다 내 마음은 아파, 마이 아파.

마음이 아프고 속상한 이유가 뭘까? 아마도 그건 봉봉이가 언젠가 나보다 먼저 이 세상을 떠날 것이 분명하기 때문이다. '가는 데 순서 없다.'지만 인간의 평균 수명은 약 80세이고 개의 평균 수명은 17~20세이니 그냥 산술적으로 계산만 해 봐도 봉봉이가 나와 같이 살 수 있는 날은 잘해봐야 8년 정도 남은 셈이다.

원래 내향형인 나는 길에서 처음 마주치는 사람들하고 말을 섞는 경우가 극히 드문데, 봉봉이를 데리고 산책하다 보니 선택적 외향형이 되어 개 주인들, 특히 노령견을 반려하고 있거나 반려했거나(먼저 떠나보낸 분들) 하는 분들과 절친한 친구처럼 대화하게 된다. 예전에 다녔던 공원에서는 어쩜 그렇게 반려견을 떠나보낸 어르신들이 많던지, 붙잡고 떠나보낸 혹은 떠나보낼 개들에 관해 이야기하면서 운 것만 기억나는 게 3번은 넘는다.

우리 노령견 주인들은 마주치면 하는 말들이 똑같다.

"몇 살이에요?"

"~살이요."

"대학까진 보내려고요~"

아마 개를 반려하지 않는 사람들은 '대학까진 보내야겠다.'라는 말이 무슨 말인가 싶을 것이다. 대학을 가는 나이가 몇 살인가? 20살이다. 그렇다면 개의 기대수명은 몇 살일까? 특별하게 기네스북에 오를 정도로 30살까지 사는 개들도 있지만 정말 길어야 20살이다. 그래서 '대학까지 보내야지.'는 '가능한 한 최대한 우리 개가 오래오래 살았으면 좋겠다.'라는 속마음을 간단하게 표현한 것이다.

봉봉이가 나보다 먼저 이 세상을 떠난다는 생각만 해도 눈물이 나던 때가 있었다. 다시 같이 살게 되었을 때인데, 그땐 조금만 봉봉이가 기침을 심하게 하거나, 토를 하거나, 이상행동을 보이거나 하면 정말 심각할 정도로 걱정했다. 하지만 내가 반려하면서 '비싼' 동물병원에서 스케일링을 매년 시켜주고 건강검진도 시켜주다 보니까 우리 봉봉씨는 몹시 '건강체질'인 개였다. (하나님 부처님 감사합니다!) 다만 덩치에 비해서 간이 조금 작다. (그래서 네가 그렇게 겁이 많았구나!) 그렇게 걱정 인형으로 2년 정도 지내고 나서 작년 초에 불현듯 깨달았다. 이 걱정은 우리가 행복하게 사는 데에 하나도 보탬이 되지 않는구나! 그때부터는 의식적으로 반려견과 이별하는 내용의 책이나, 펫로스와 관련된 책은 아예 가까이하지도 않았다. 이렇게 생각을 전환하기 전에는 '펫로스', '개', '노령견' 관련 책들은 무조건 다 찾아 읽었다. 그런데 불안이 해소되는 것이 아니라 오히려 걱정이 늘고 대리 체험을 계속하게 돼서 힘들었다.

내가 깨달은 것은 그런 쓸데없는 걱정들로 시간을 좀먹

고 있을 때가 아니라는 것이다. 그리고 그건 정말 내 인생에 몇 안 되는 잘한 생각이다. 어떤 예능프로그램에서 내가 좋아하는 분이 한 명언이 있다. "걱정 댕겨서 하는 거 아니다." 오직 나만을 바라보며 모든 시간과 생활이 나에게 달린 봉봉이를 괜히 내 감정에 파묻혀 껴안고 "죽지마~ㅠㅠ" 이런다고 그 친구가 행복할까? 전혀 아닐 거다. 그럴 시간에 한 번이라도 더 장난감을 던져주고 잠깐이라도 밖에 데리고 나가서 좋은 경험과 추억을 남기는 편이 현명하지.

혼자지만 또 같이 사는 나의 생활은 어디 여행도 한번 편하게 가지 못할 정도로 봉봉이에게 매여 있다. 봉봉이 화장실 수발도 들어야 하고 가능하면 강아지가 출입 가능한 곳으로만 외출 장소를 정한다. 나는 이런 봉봉이와의 삶을 '행복한 구속'이라고 부르고 싶다.

우리는 아침에 눈을 뜰 때부터 밤에 잠들 때까지 항상 함께한다. 봉봉이도 나름 독립적인 성향의 개인지라 옆에 딱 붙어 있는 정도는 아니지만, 그래도 둘이서 생활하다 보니 나를 정말 자기랑 같이 사는 사람으로 여기기는 한다. 오죽하면 부모님 집에 놀러 갔을 때도 정확히 '아, 여기는 우리 집 아니고 놀러 온 거야.'라고 인지하는 것 같은 기분까지 들까. 내가 집에 갈 기색을 보이거나 밖에 나가려고 하면 외출 시 항상 갖고 다니는 이동 가방에 얼른 올라타서 나오질 않거나 하는 걸 보면 말이다. 그리고 그거 아는가? 개들은 자기 집에서와 남의 집에서 표정이 다르다는 걸. 어디 나갔다가 집에 들어오면 그 안심하고 신나하는 편안한 몸짓, 정말 신기해.

언젠가 정말 이 친구가 걷지 못하게 되고 아파서 밥도 잘 못 먹고 하게 될 걸 생각하면 이 글을 쓰는 지금도 눈물이 나려고 하지만, 아직은 잘 먹어주고(너무 잘 먹어서 탈일 정도로) 걷는 것도 짱짱하게 잘 걸어서 하루하루가 감사하다.

너보다 하루만 더 살았으면 좋겠어

100세 시대라곤 하지만 나는 내 기대수명을 팔십 정도로 생각하고 있다. 그럼 내가 사용 가능한 수명은 사십 년 정도이다. 그렇다면, 내가 가진 수명을 반 정도만 떼어서 봉봉이에게 줄 수 있다면 얼마나 좋을까? 그렇게 20년 동안 계속 행복하게 둘이 살다가 하루 먼저 봉봉이를 떠나보내고 그다음에 주변 정리를 하고 내가 죽는 것. 비록 이뤄질 수 없는 망상 같은 일이지만 매일 매일 봉봉이를 볼 때마다 생각하는 내 소원이다.

자는 시간 약 7시간, 출근해 있는 시간 9시간, 운동하러 가는 시간 2시간을 모두 합치면 18시간이다. 하루는 24시간이고, 거기에서 18시간을 빼면 6시간밖에 남지 않는다. 이 6시간에서도 씻는 시간 등을 계산하면 약 1시간 30분이니까 그것마저 제외하면 4시간 30분. 여기에 각종 집안일 등을 하는 시간까지 제외하게 되면 약 3시간 30분 정도가 내가 하루에 사용할 수 있는 자유 시간이다. 그럼 이 시간 중 봉봉이에게 할애된 시간은 얼마일까? 이렇게 진지하게 계산해 보기 전에는 점심 산책 시간, 저녁 산책 시간 합쳐서 1시간 정도 겨우 봉봉이한테 쓸까 말까 했던 것 같다. 일하느라 못 본 웹툰과 소설을 봐야 하고 일기도 써야 하고 이래저래 내가 해야 할 것들을 하려면. 근데 갑자기 최근 진지하게 생각해 보니 봉봉이에게 너무 미안한 생각이 들었다. 그래서 시작한 것이 밤 산책. 개모차를 태워 탄천에 새로 지어진 고라니길을 따라 — 집 근처 산책로인데, 고라니 서식지 위를 나무다리로 쭉 연결한 길이라 내 맘대로 고라니길이라고 부르고 있다. — 한 바퀴 걷는 것이다. 오고 가고는 개모차로 하지만 고라니길에서는 봉봉이 혼자 줄 없이 걸을 수 있다. 일부러 사람이 적은 시간대를 선택하여 산책하기에, 자유롭고 여유 있게 걷는 것이 가능하다.

　진짜인지 기분 탓인지 잘은 몰라도 밤 산책을 추가하고 나서 봉봉 할아버지의 체력이 한껏 좋아지고 눈빛도 또릿또릿해진 것 같은 기분이 든다. 그래서 아무리 내가 피곤하고 다음 날 새벽 운동을 가야 해도 빼먹을 수 없는 루틴이 되었다. (봉봉, 너는 아니? 내가 너를 이토록 사랑하는 걸!)

　<올드보이>라는 영화를 아는가? 거기에서 주인공은 15년 동안 방에 갇혀 마음대로 밖에 나가지도 못하고 군만두만 급여 받는다. 어느 티브이 프로그램에서 집에 강제로 계속해서 있어야 하는 개들을 비유하여 올드보이라고 하는 걸 봤는데, 딱 맞는 말 같다는 생각이 들어서 씁쓸했다. 그렇지 않은가. 자기 맘대로는 어디도 갈 수 없고, 집에만 우두커니 있어야 하는 감방살이. 어떤 사람들은 개 팔자가 상팔자라느니 자신의 반려견 보고 네가 부럽다느니 그런 말을 쉽게 하곤 하지만, 난 그들에게 묻고 싶다. 자신의 의지로 뭘 먹지도 못하고 어딜 가지도 못하는데 그게 정말 팔자가 좋은 거냐고.

　나 역시 봉봉이 전에 반려하던 시츄를 잃어버린 트라우마 때문에 봉봉이는 어린 시절 집에서만 키웠었다. 지금

생각해 보면 나는 정말 나빴다. 죄책감이 든다. 그래서 더 지금 모든 여가를 봉봉이에게 할애하려고 노력하는 것이지만. 그런 부채감과 미안함으로 인해 너무 피곤하고 졸리고 그냥 누워서 핸드폰이 보고 싶어도 오늘도 나는 민다, 개모차를.

아침에 일어나
인사 정도는

이의수[23]

흰 햇살이

활짝 열어둔 현관문 안으로 한가득 들어오면

내 두 무릎과 두 손바닥은 그곳을 향하지.

밖으로 나가는 방법은 몰랐지만

강렬한 빛 그 너머에는

무언가 다른 것이 있을 거라고 기대했었어.

---

23 이의수 : 오랫동안 공연계와 영화계에서 일했다. 명상하는 삶, 운동하는
    삶, 여행하는 삶을 추구한다. 가끔 기분이 좋을 때는 이토록 아름다운
    지구별에 태어났음에 감사하며, 지구를 위해 무엇을 할 수 있을지
    고민한다. 앞으로 다양한 방면으로 자신의 가능성을 시험해 볼 생각이다.

그날

그런 날이었어.

오늘 하루 실수 없이 잘 살았다고 자부하면서도 막상 집 앞에 다다르면 뭔가 섭섭하고 억울한 느낌이 드는 날. 저녁 시간이 다 됐는데도 아직 밝은 하늘이 남아있다는 사실이 내 마음을 더 허전하게 만드는 그런 날이었어.

참 유별나다고 생각했어. 건물 앞 인도 끝까지 과하게 화분들을 내놓는 꽃집 사장님 말이야. 우리 건물 1층에 꽃집이 있다는 건 나에겐 그리 특별한 것도 아니지. 찾아가는 자연은 좋아해도 키우는 자연에는 전혀 관심이 없는 나. 그날도 인도에 나와 있는 화분들 앞을 무심히 지나쳐 건물 안으로 들어가려던 참이었어.

우리에게 일어난 모든 일에 정확한 이유를 찾는 것이 가능할까? 논리적이고 사리 분별을 잘하고 기억력이 좋은 편이라고 자부하던 철 없던 시절을 다 보내고 40대 중반이 되어서야 나는 결코 그런 사람이 아니라는 걸 깨달았어. 내가 그날 그곳에서 너를 발견하고 유심히 바라보게 된 정확한 이유는 알 수 없어. 그냥 그날은 하늘이 맑았고 그냥 좀 억울했고, 그리고 너는 참 작았어.

이렇게 작은 화분도 있다고? 미세하고 얇은 줄기에 좁쌀만 한 이파리가 촘촘하게 달린 작은 화분들이 일렬로 줄서 있는 모습은 마치 미니어처 같았어. 나는 그렇게 5초 정도 멈췄던 것 같아. 그리고 그게 다였어.

그런 사람들이 있었어. 내가 놓쳐버린 사람들. 뭘 해도 중간을 약간 밑도는 내 속성마저 마음을 다해 좋아해 줬던 사람들. 소중했지만 잡지 못했어. 이제 그들의 모습은 내 기억 속에서 점점 희미해져 가. 그러다 가끔 한밤중 가위눌림에서 힘겹게 헤어 나와 눈을 떴을 때 그들이 내 앞에 서 있어. 나는 그들에게 말을 걸지. 나 왜 이러고 살지? 내가 어떻게 하면 좋겠어? 평소에 잊고 살다가 필요할 때만 불러보는 그들의 이름. 난 여전히 이기적이야. 나는 그들에게서 내 마음을 타인에게 주는 방법을 배우지 못한 채 그들을 떠나보냈어.

내 인생도 힘든데 내가 뭘 키워! 그렇지, 이 말은 백 프로 거짓말이야. 나는 애초에 무엇에 관심을 두고 마음을 줄 생각이 없었어. 레옹이. 내 방 서랍장 위에서 나만 바라보다 세상을 떠난 아이. 이파리는 어떻게 생겼더라? 키는 어느 정도였지? 정확한 종이 뭐였더라? 이미지가 아닌 감정으로만 남은 존재. 그 감정 속에는 죄책감, 그리움, 후련함, 두려움 등이 뒤섞여 한번 그곳에 들어가면 쉽게 헤어

나올 수 없었어. 내가 놓쳐버린 그들도 그 속에 뒤엉켜 나를 기다리고 있을까?

  나는 최선을 다하지 않았어. 부모님 집이니까 내 방에서만 키워야 한다는 이상한 고집을 피웠어. 내 방 창가 앞은 자리가 마땅치 않아 레옹이를 서랍장 위에 두었는데 그곳은 해가 제대로 들지 않는 곳이었어. 내가 그때 그 사실을 몰랐을까? 아마 알았을 거야. 일주일에 한 번 물을 줘야 한다고 해서 규칙적으로 줬지만 그게 다였어. 물만 준다고 모든 식물이 잘 자라는 건 아니라는 것도 몰랐을까? 알았겠지. 그래도 주말 낮에는 창가 앞에 레옹이를 데려다 해를 보게 하는 것으로 내 할 일은 다 했다고 생각했어. 그리고 그에게 말했지. 하라는 대로 다 했는데 왜 그렇게 된 거지?

  일상적인 통화 속에 네 이야기도 들어있었어. 내 엄지손가락보다도 더 작은 것 같아. 그냥 생각이 나서. 그 순간 아차 싶었지만, 그는 나의 전력을 알고 있기에 그 이야기는 거기서 중단됐어. 하지만 며칠 뒤 너는 그의 손에 들려 우리 집 현관문으로 들어왔지. 아차는 미래를 예측하곤 해. "어? 아!" 나는 무슨 말을 하고 싶었던 걸까. 다소 난감한 상황이지만 당연한 받아들임? 그렇게 너는 얼떨결에 내 손에 들려졌어.

플라스틱처럼 딱딱한 흙은 처음 봐. 당연하지, 뭘 키워본 경험이 거의 없으니까. 그런 잎 모양을 가진 선인장도 처음 봐. 당연하지, 너는 다육식물과 선인장의 개념 정리가 안 된 상태니까. 그리고, 그리고 이렇게 작은 화분도 처음 봐. 나보다 더 작은 애들도 있어. 그렇게 네가 맞받아치는 것 같았어. 예상치 못한 너의 등장에 우리 집에는 너를 위한 그 어떤 것도 마련되어 있지 않았어. 물은 일주일에 한 번 정도 주면 될 것 같고, 급한 대로 생수병 뚜껑으로 화분을 받치면 될 것 같다는 그의 말. 생수병 뚜껑? 우리 집에 그런 건 없는데.

그곳에서

오후에는 더 짜릿하게 해가 드는 그곳. 그 앞에 아무렇게 나 누워 아무 생각 없이 시간을 보내는 나. 꽤 오래전에 만든 내 미래 비전 보드 중 하나의 이미지였어. 신기하게도 나는 지금 그런 집에서 살고 있어. 내가 상상했던 것보다는 작은 공간이고 주로 바닥이 아닌 의자에 앉아서 창밖을 바라보지만 말이야. 창 안으로 들어오는 햇빛을 온전히 나만 누릴 수 있는 그곳, 너는 마음에 드니? 한 벽면 전체가 창문이고 그 창문이 이 집의 유일한 창문이지. 식물은 무조건 해가 잘 드는 곳에서 키워야 한다는 나의 단순한 생각에 지난 2년 동안 너는 참 힘들었을 거야. 레옹 때문만은 아니고, 그저 내 지식이 딱 그 정도였어. 손가락 몇 번만 까딱거리면 원하는 정보를 쉽게 얻을 수 있는 세상인데도, 난 그걸 하지 않았어. 가끔 네가 다육식물이 맞나 의심이 들어서 너와 비슷하게 생긴 이미지들을 검색해 보는 정도? 정작 너를 잘 키우기 위해 알아야 할 정보는 검색하지 않는 나의 이중성은 나의 본질 같아. 누가 나한테 다가오기를 은근히 바라면서도 내가 먼저 손 내밀지 않는 사람. 같이 있어도 혼자 있어도 그 차이가 안 느껴질 정도로 개인주의적인 사람. 요즘 같은 비대면 세상에 딱 맞는 사람. 난 혼자인 게 좋고, 그리고 지금 딱 그렇게 살고 있어. 그래서 처음 네가 우리 집에 왔을 때도 특별한 감흥이 없었어. 살아는 있나 싶어 손가락으로 살짝 건드려 본 정도였지.

　엄지야, 이제야 너도 알겠지만, 우리 집은 다른 집처럼 대량으로 생수를 쟁여놓고 살진 않아. 가족과 함께 살 때는 너무나 당연한 것들이 혼자 살 때는 당연한 게 아닌 게 되거든. 큰 생수병들을 보관할 장소도 없고, 재활용 쓰레기 처리도 귀찮아하는 내 성격 때문이기도 하지. 그러므로 우리 집의 생수병은 딱 하나, 내가 가끔 휴대하고 다니는 작은 생수병이 전부야. 그러니까 네 병뚜껑은 없어. 나는 결국 밖에서 흘러들어온 황토색 냅킨 한 장을 아주 작은 사각형으로 접어 너의 방석을 만들어 주고 나를 칭찬했지. 그리고 그건 너한테 곧잘 어울렸다. 너무 작아서 물도 조금만 먹고, 밖으로 배출하는 물도 거의 없어서 그 방석으로 너는 몇 주를 잘 보냈어. 가끔 커튼의 흔들림 때문에 네가 중심을 못 잡고 넘어진 적은 있지만 말이야. 그런데 얼마 지나지 않아 너는 다른 이유로 넘어지기 시작했어. 너의 갑작스러운 폭풍 성장으로 화분은 자꾸 중심을 잃었지. 그는 내 말을 약간 의심하는 것 같았지만 곧바로 일에 착수했어. 이제 너의 집을 옮길 시간이 된 거야.

무서웠어. 집에 혼자 있을 때, 어릴 때 말이야. 아니 20대 때도, 아니 30대 때도 그랬던 것 같아. 부모님이 며칠 여행이라도 가시면 나는 그 첫날부터 긴장했어. 저녁에 집에 들어오면 우선 집 전체를 점검했지. 창문이 잘 잠겨져 있나, 누가 들어온 흔적은 없나. 심지어 침대 아래, 옷걸이 뒤까지 살폈어. 그리고 거실에서 최대한 늦게까지 시간을 보내고 결국에는 꾸벅꾸벅 졸다가 내 방으로 들어왔지. 그런데 막상 방에 들어오면 거실에서 무슨 소리가 나는 것 같아 잠을 못 이루는 거야. 좀 창피한 말이지만 40대가 된 지금도 만약 부모님이 집 좀 봐 달라고 부탁하신다면 여전히 좀 떨릴 것 같아. 하지만 내가 혼자 사는 이 집은 무서워하기에는 너무 아담하고, 오히려 이웃집 소음 때문에 스트레스를 받으며 살고 있지. 가끔 상상해. 언젠가 이곳을 떠나게 되면 좀 더 넓은 집으로 가겠지. 또 그 후에는 공기 좋은 곳에 집을 짓고 살아야지. 아, 그런데 안 무서울까? 나는 그냥 이 작은 집에나 어울리는 사람인가?

그가 갖고 온 화분은 항아리 같았어. 여러 가지 색이 혼합된 아주 고풍스러운 도자기 느낌이었지. 어디서 이런 걸 사 왔는지는 물어보지 않았어. 너한테 어울리든 말든, 오직 내 관심사는 너를 안전하게 그곳으로 옮기는 거였으니까. 고백하는데 나는 그때까지 분갈이를 한 번도 해본 적이 없었거든. 이렇게 말하니까 내가 직접 네 분갈이를 한 것 같잖아. 아니, 나는 그냥 지켜보기만 했어. 네가 더 큰 집으로 이사 가는 것을. 그런데! 그 작은 화분에서 네가 쑥 뽑혀 공중으로 번쩍 들어 올려진 순간, 내 시선은 어느 한 곳에서 멈췄어. 그때 알았지, 네 몸에는 네 몸집만 한 털 뭉치 같은 뿌리가 있다는 것을. 식물에 뿌리가 있다는 것은 너무 상식인데, 나는 왜 그렇게 놀란 걸까?

연두색에서 초록색, 초록색에서 코발트블루,
그리고 다시 연두색을 좋아하던 아이는

어른이 된 후 종종 숲길을 걸었어.

그곳에서 무엇을 봤느냐고 물어봐 줘.

　나에겐 없는 것들, 왠지 내가 가지면 안 될 것 같은 것들을 몸에 지니고 다니는 존재. 같은 어른이어도 엄마하고는 또 다른 느낌의 어른. 어른보다 더 큰 사람, 할머니. 나의 두 분의 할머니는 어린 내가 보기에도 너무 상반된 분들이셨어. 표정, 말투, 걸음걸이, 옷 입는 스타일 등등. 하지만 손녀를 대하는 그들의 눈빛은 어딘가 닮아있었어. 그 눈빛으로 그들은 어린 나에게 어른이 아닌 '할머니'라는 존재로 자리 잡았던 것 같아. 눈 한 번만 깜박거려도 금방 구겨질 것 같은 얇은 눈꺼풀, 판화로 찍어낸 듯한 완고한 주름살, 멈춘 듯 더디게 흘러가는 구름만큼 느릿한 숨소리, 1년 내내 지니고 다니는 빛바랜 에코백. 그리고 그 눈빛. 난 아직도 그것들을 갖지 못했어.

　하나, 둘, 셋, 넷. 아랫목에 누워있는 친할머니의 움푹 팬 지렁이 모양의 주름살을 세는 건 나에게 꽤 진지한 놀이였어. 그러다 할머니 손목에 있는 염주로 내 관심이 옮겨가면 할머니는 염주의 한 귀퉁이를 내 손에 쥐어주며 말씀하셨어. "안을 잘 들여다봐, 뭐가 있는지." 나는 할머니가 시키는 대로 염주 알의 작은 구멍 안을 들여다봤어. 아직도 그 모습이 선명하게 기억나. 흰빛으로 가득 찬 공간 한가운데 앉아 있는 사람의 형체. 그때는 너무 어렸기 때문에 어떻게 사람이 거기 들어가 있나 신기하기만 했어. 여긴 전혀 비좁지 않다는 듯 미동도 없이 앉아 있던 검은 그 사람. 너는 누구? 거긴 어디? 할머니는 그때 예상하셨을까? 막내 손녀가 아직도 그것을 궁금해하고 그 답을 찾지 못한 채 살아가고 있다는 것을.

너의 뿌리가 이 세상에 모습을 드러내면서 너는 나에게 좀 다른 존재가 됐어. 뭐야, 너 그동안 나를 속였니? 아니, 네가 나를 잘 몰랐던 거지. 네가 메롱 하며 그렇게 대답하는 것 같았어. 그나저나 소꿉놀이 소품 같았던 집에서 더 넓고 튼튼한 집으로, 플라스틱 같은 딱딱한 흙에서 부드러운 흙으로 변신한 너의 새로운 공간은 마음에 들었니?

이제 좀 식물 같다! 미안, 오해의 소지가 있는 말이지만 내 솔직한 심정이었어. 그래서 더 열심히 너를 돌봐야겠다는 생각을 한 것도 사실이야. 책임감과 자신감이 동시에 올라간 느낌이랄까? 넓은 집으로 옮긴 후 보란 듯이 구슬 같은 이파리를 더 촘촘하게 내놓은 너 또한 과도한 건강미와 자신감을 보여줬지. 그리고 첫 번째 여름이 찾아왔어. 나는 더위를 별로 안 타서 여름을 꽤 좋아해. 직사광선이 우리 집 창을 뚫고 들어오면 나는 일광욕하듯이 창가에 앉아 입을 헤 벌리고 그 순간을 즐기곤 해. 그리고 너도 나와 비슷하다고 생각했어. 왜? 여름이니까. 너무 단순했지.

식물도 동물처럼 털갈이를 하나? 그것도 여름에? 너의 이파리들이 흙 위에 떨어져 있는 것을 발견했어. 그다음 날도. 또 그다음 날도. 땅에 떨어진 이파리는 썩기 전에 빨리 주워서 버려야 한다는 그의 말에 내 손가락은 어설프게 네 공간으로 들어갔지. 아직도 나는 좀 억울해. 내 손가락은 가는 편이고 아주 미세하게 널 스친 것뿐인데, 그 순간 우르르 떨어진 이파리들. 네 줄기가 너무 가늘어서, 그에 비해 네 이파리가 너무 뚱뚱해서 그런 거야. 그나마 이유를 찾는다는 게 그런 거였어. 날이 더워져서 전보다 물을 하루씩 더 당겨서 줬기 때문에 수분 부족으로는 보이지 않았고, 집안 통풍도 충분히 해줬는데? 하지만 여기에 빈틈이 있었지. 너는 다육식물. 고온 다습한 장마철에는 물주기를 줄이고 강한 직사광선은 피해야 한다는 것이야. 나는 그 반대로 했으니, 이파리가 썩어들어가고 전체적으로 몸이 약해져서 조금만 건드려도 잎이 떨어진 거야. 일단 직사광선을 피해 자리를 옮겨주고 저녁에는 다시 창가로 옮기기를 며칠 반복한 결과, 신기하게도 다시 파릇하게 생기가 도는 너의 모습에 '아, 살았구나!' 했어. 다육식물도 낙엽이 지는 경우가 있다고 하지만, 너는 그런 게 아니라 피부병을 앓았던 거야. 가는 줄기에 이파리 몇 개만 남은 너의 몸은 그 전보다 삼 분의 일 이상 작아진 느낌이었지만, 그래도 꿋꿋하게 살아줬으니 나는 네게 처음으로 고마운 마음이 들었어.

벽에 이마가 부딪쳐야지만 멈출 수 있는 아이야 나는.
괜찮아, 과정이잖아.
신나게 돌아가는 지구본처럼
영영 멈추지 않을 것 같이 돌고 돌다가 지쳐 쓰러졌을 때
바닥이 말했어. 이번에는?

그들에게

모든 걸 반으로 줄여야 했어. 아니 그 이상이면 더 좋고. 멀쩡한 녀석이어도 내가 몇 년 동안 그 존재를 잊고 있었다면 바로 쓰레기봉투로 던져졌어. 가구도 한 개만 가져가자. 그러면 옷도 삼 분의 일로 줄여야지. 책도 문구류도 죽을 때 다 짊어지고 갈 거 아니니까 최소한의 것만 남기고 다 처분하자. 어릴 때는 물건에 대한 미련이 많았지만, 그것들은 내 인생에 아무 도움이 안 된다는 걸 아는 나이가 됐으니 마음이 힘들지는 않았어. 이렇게 짐을 줄였는데도 왜 더 안 버리고 왔는지 후회하겠지. 새로운 물건들을 가져가야 했거든. 혼자 살아도 꼭 있어야 할 물건들, 최소한의 의식주를 책임질 살림들이 그곳의 반은 차지할 테니까. 그래, 열심히 버리자!

"너 이거 필요하니?" 노크 소리와 함께 내 방문이 살짝 열리면서 아빠가 들어오셨어. 손에는 무언가를 들고서. 하얀색의 아무 무늬도 없는 역 사다리꼴 모양의 그것, 딱 내 스타일이었지. 아빠는 화분이라고 했지만 내 눈에는 연필꽂이였어. 그래서 거의 10년을 연필꽂이로 사용했어. 그때 그 물건을 화분이라고 생각했다면 아예 받지도 않았을 거야. 화분은 내 인생과는 전혀 상관없는 물건이었으니까. 가끔 물 빠지는 구멍에 펜이 걸리는 경우에나 "맞아, 화분이었지!" 했었지. 아빠는 그 화분을 연필꽂이로 사용하는 나를 어떻게 생각하셨을까? 식물 키우는 걸 좋아하는 자신보다는 그쪽으로는 전혀 관심 없는 아내를 닮은 막내딸에게 화분이 필요하냐고 물어본 아빠가 난 더 뜻밖이었어. 한동안 내 방 구석에 있다가 어느 날 갑자기 종적을 감춘 레옹이를 아빠는 궁금해하셨을까? 많은 것을 버리고 간 후, 그 이상 짐을 늘리지 않고 사는 딸의 집을 방문한 아빠는, 이제는 텅 빈 채로 책꽂이 한쪽에 세워져 있는 그 하얀 화분을 발견하셨을까? 그리고 지금 그 화분이 본업을 열심히 하고 있다는 사실을 아빠는 모르시겠지.

부채 의식이야. 거기서 벗어날 수는 없어. 내가 이 세상에 짠하고 태어나는 순간부터 시작된 거야. 내심 기대했다가 또 딸이어서 실망하고, 자신들의 바람만큼은 똑똑하지 않은 딸의 모습에 실망하고, 그나마 성격이 온순하다고 생각했던 것이 사실은 그렇게 보일 뿐이었다는 사실에 실망하고, 자신들 눈에는 가난하고 외롭게 사는 딸의 현재 모습에 또 실망했을 거야. 자식이니까 소중하고, 남들보다 잘나지는 않았어도 아직은 건강하게 살아주니 안심이고, 성격이 좋지는 않아도 지금까지는 큰 사고 안 치고 잘살고 있어서 다행이라고 생각하는 부모님의 마음 또한 모르진 않아. 하지만 그들이 내게 쏟은 노력에 비하면 나는 지금 잘 못 살고 있어. 얼마만큼 노력해야 했을까? 고3 때 볼펜으로 허벅지를 찔러가면서라도 졸음을 참아가며 공부하라는 아빠의 충격적인 호통에 나는 그렇게 하지 않았고, 대학 졸업 후 남들 다하는 취업 준비는 안 하고 내가 하고 싶은 걸 하겠다는 나에게, 시간이 지나면 그 열망도 별거 아닌 게 되니 마음을 접으라고 하신 부모님 말씀도 듣지 않았어. 나는 그들의 말을 안 들은 대신에 내가 좋아하는 일에 최선을 다해서 노력했어. 그리고 노력한 만큼 결과가 나온다는 말을 백 프로 믿었지. 내가 부모님의 말씀은 안 듣고 그 명언을 믿어서 벌을 받은 걸까? 아니면 내가 원래 능력이 없는 걸까? 아마 두 가지 다겠지. 어쨌든 나는 지금 이것도 저것도 아닌 삶을 살고 있어. 그리고 이 부채감은 부모님이 멀리 떠나신 후에도 네 뿌리 다발처럼 계속 자라날 거야.

오른 눈썹을 타고 흘러내리는 피를 봤어.
눈은 감고 있었지만 볼 수 있었어.
내가 나를 모른 척해서 미안했어.
하지만 여전히,
애를 쓸수록 내가 지워지는 느낌이었어.

과도한 집 정리로부터 살아남아 여기까지 딸려 왔지만, 2년 넘게 별 할 일 없이 지내면서 결국 본인도 버려지지 않을까 걱정했을지도 몰라. 네 덕분에 살아서 고맙다는 인사는 받았니? 그래 바로 그 집이야. 지금 너의 세 번째 집. 가을이 되자 너는 몇 배속 재생 영상처럼 사방으로 이파리를 내놓더니 금방 뚱뚱해졌어. 여름에 아팠던 애가 맞나 싶을 정도였지. 나는 아빠가 주신 그 하얀 화분으로 너를 옮기기로 했어. 그의 반응은 "벌써?"였지만, 몸통보다도 더 뚱뚱하게 자란 네 뿌리를 본 우리는 잘했다 싶었지. 흰색 집에 검은 흙, 연두색 이파리의 조화는 안정감이 느껴져서 좋았어. 그가 흙에 비스듬히 꽂아놓고 간 거대한 영양제가 좀 당황스럽긴 했지만 너는 새로운 집에 잘 적응했어. 적당한 시기에 해야 할 일을 다 했다는 안도감과 뿌듯함이 드는 건 순전히 나만의 만족일 수도 있겠지. 너의 성장에 노력과 애정을 쏟았다는 자부심에서 오는 만족감 말이야.

　나의 성장에 노력과 애정을 쏟았을 내 부모님은 지금 어떤 심정일까? 가끔 그들에게서 늙음에서 오는 초라한 눈빛과 중요한 무언가를 놓친 듯한 허무함의 눈빛을 발견하곤 해. 그러면 나는 갑자기 겁이 나기 시작해. 나 때문인가? 이제라도 그들이 나에게 원했던 삶을 살아야 하나? 그럴 자신은 있고? 없지. 그러니 너도 나에게 뭘 기대하지 마. 나는 여전히 나만 생각해. 내가 너에게 물도 주고 이사도 시켜줬지만, 앞으로도 계속 그럴 수 있을지는 알 수 없어.

　정말 그랬어! 나는 지난해 여름을 되돌아보지 않았어. 그래서 또 반복했지. 이번엔 더 심했어. 솔직히 너랑 갑작스러운 이별을 하는 줄 알았어. 예년 여름보다 불볕더위가 더 심했다고 변명하지 않을게. 여름은 원래 그런 계절이니 대비해야 했어. 미리 너를 그늘로 옮기고 물은 적당히만 주고 흙 상태를 살펴야 했는데, 나는 그중 한 개도 하지 않았어. 솔직히 나는 내 삶에 더 집중해 있었지. 일이 왜 이렇게 안 풀리지? 뭐 언제는 잘 됐나? 내가 이런 생각을 하는 동안 너는 버티고 버티다 결국 모든 이파리를 다 떨구고 앙상한 가지만 남겼어. 그제야 나는 지난해 여름을 기억해 냈지. 늦게나마 그늘진 곳을 찾아 너를 옮기고 떨어진 이파리들을 주워서 버렸어. 실같이 가는 줄기만 남은 네 몸을 바라보다가 그래도 아직은 살아있으니 괜찮다고 생각했지만, 이번 일은 몰라서 저지른 실수가 아닌 무관심에서 오는 명백한 내 잘못이었어. 그에게 너의 근황을 알리는 내 당황한 말 속에는, 곧 가을이니 지난해처럼 너의 부활을 내심 기대하는 내 간사한 마음이 엿보여서 역겹기까지 했어. 그런 내 마음을 그도 보았겠지. 그리고 너도 그 순간의 내 표정을 보았겠지.

**뿌연 안개 속에 촘촘히 줄 서 있는 너희들
답답하다고 불평하지 마.
내가 만들었으니 내가 없앨 수도 있겠지.
하지만 함부로 버리진 않을 거야.**

아침에 화장실 거울을 통해 만나는 내 첫 얼굴은 나만 볼 수 있어서 다행이야. 이제는 노안이 와서 흐릿하게만 볼 수 있어서 더욱더 다행이고. 밤새 에너지 충전이 전혀 안 된 얼굴. 지칠 때도 됐지. 아니, 진작에 지쳤어야 했나? 너무 오래 끌고 다녀서 그런가 봐. 그 바람을, 그 노력을, 그 실망감을. 눈을 감으면 보이는 것들. 내 박제된 생각과 마음과 감정들. 한참 둘러보다가 번뜩 눈을 뜨면, 내 안의 그것들은 먼 과거의 일들처럼 아무렇지도 않게 사라지지만, 다음날 다시 나를 찾아와. 꿈도 희망도 너무 오래되면 쉰내가 나. 하지만 그것들이 없으면 나는 예전만큼 생기있게 살아갈 것 같진 않아. 방향제를 뿌려서라도 내 옆에 두고 싶어, 아직은. 이렇게 미련하게 나는 또 같은 계절을 맞이하지.

안녕.

초겨울이 다가오면 초조해져. 이번 겨울은 또 얼마나 추울까? 실제로 우리나라의 겨울은 점점 길어지고 나는 점점 늙어가고 있어. 아무리 겨울 이불을 겹겹이 덮어도 어디선가 흘러들어오는 한기는 내 일상의 모든 것을 얼어붙게 해. 그리고 내 안의 그것들도 한층 더 차가운 모습으로 나를 찾아오지. 뭐 하고 있니? 겨울인데 전기장판도 하나 마련 안 하고. 보일러는 자동으로 해놔야지, 엄마 집에서는 그렇게 틀어 재끼더니. 견딜 수 있다고 생각했어. 그리고 견뎠어. 지내는 게 아니고 견디는 거야. 내과와 한의원을 옮겨가며 약을 먹고 침을 맞고 피를 뽑고 그렇게 겨울을 견뎌냈어. 이번 겨울은 특히 힘들었어. 내가 왜 아픈지 이유도 모르겠고 더는 알고 싶지도 않아. 그냥 네가 여름에 힘들어하는 것과 비슷하다고 생각하면 돼. 난 그저 겨울에 아픈 아이야.

이유도 모른 채 일어나는 일들은 또 있지. 지금 당장 무대에 올라가야 하는데 대사가 기억이 안 나. 대본도 안 갖고 왔어. 나도 모르는 사이에 나는 무대 한가운데 올라가 있고 모두 나만 쳐다보고 있어. 그가 무서운 표정으로 이제 됐다고 그만 가라고 하더라. 계단에서 뒷걸음치다가 굴러 떨어지면서도 그곳을 올려다봤어. 이별이었어. 슬픈데 아쉽지 않았어. 비슷한 패턴의 악몽이 며칠 이어지다 슬그머니 사라지면 이제 봄인 거야.

잘 지내니? 아침에 일어나 커튼을 걷고 너의 상태를 살피며 인사하는 것이 내 루틴이 된 지 오래야. 참 신기하게도 매일 매일 네 모습이 달라. 이건 너무 자연스러운 일인데도, 우리는 종종 시공간을 초월한 듯 그 자리 그 모습을 기대하잖아. 우리가 한순간 지나치는 시공간에 낙서할 수 있다면 너는 나의 어떤 모습을 새기고 싶니? 지난겨울 찬기가 든 목덜미를 감싸고 있던 내 오른손? 그것보다는 뜨거운 증기가 올라오는 머그잔 앞에서 눈을 감은 채 미소 짓는 내 표정이었으면 좋겠어. 그렇게 한 계절이 한순간처럼 지나갔네.

하루 새 많은 것이 변했어.
해가 나고 눈이 물이 되어 바닥을 톡톡 치고
눈 덮인 바닥을 이리저리 거닐며 상념에 잠겼던 아이는 사라졌어.
지금 내가 있는 곳은 아주 조용해.

엄지야! 꽃집 사장님은 두 블록 거리에 있는 건물로 이사 가셨어. 우리 부모님은 작년보다 몸이 더 약해지셨고, 산에는 맨발로 걷는 사람들이 정말 많아졌어. 내 꿈의 부피는 좀 작아졌어. 그래도 큰일은 안 일어나네. 언젠가 만나질 사람들이 한명 두명 생각나기 시작했어. 그래서 마음이 편안해. 검정 배낭을 하나 샀어. 사계절 어디든 메고 다니려고.

봄이 되면 확실히 너는 새침해져. 따듯해진 햇살이 아직 어색하다는 듯 누런 이파리를 고수하면서 내가 주는 물에도 별로 반응을 안 하지. 그날도 나는 일부러 무심한 척 너를 힐끗 보며 지나치려고 했어. 뭐지? 처음에는 흙에 섞여 있는 잡다한 물질 중 하나라고만 생각했어. 그런데 그것이 며칠을 두고 갑자기 번지기 시작하는 거야. 누구니?

잠시 놀러 온 거니? 아니면 그냥 눌러앉기로 했다니? 생각지도 못한 낯선 존재. 밋밋한 선물 포장지 한 귀퉁이에 누군가 몰래 하트를 그려놓고 홀연히 사라져 버린 것 같았어. 어디서 왔다기보다는 갑자기 생겨난 것 같은 그 존재를 너는 뭐라고 부르니? 공원이나 산에 가면 흔하게 볼 수 있는 이끼를 네 집에서 만날 줄이야. 전문가들은 그들을 제거하는 게 나을 거라고 하지만, 일단 두고 볼 셈이야. 우리 좀 긴장해야겠다, 그치?

끼리끼리는 너랑 전혀 다른 종이고 너를 귀찮게 할지도 몰라. 그래도 너희 둘은 좋은 관계였으면 좋겠어. 좋은 관계란? 뒤통수는 치지 않는? 그걸로 됐지. 서로 도움을 주고받으면 좋겠지만 요즘 세상에 그것까지 기대하는 건 욕심이야. 그래도 혹시 서로 정신적 여유가 생긴다면, 아침에 일어나 모른 척하지 말고 인사 정도는 할 수 있겠지?

하늘과 나뭇잎이 맞닿은 그곳에 바람이 찾아왔어.

어느 순간일지 모를 우리들의 이야기를 품에 안고서.

흩날리는 눈꽃 사이를 헤엄쳐 올라가는 그 길은 포근했어.

그들을 만났고 안부를 물었어.

그들의 눈가에는 이슬이 맺혔어.

돌아갈 시간이야.

　늦은 오후에는 잠시 부슬비가 내렸고 신발 속에 들어온 몇 개의 자갈들이 내 발바닥을 좀 귀찮게 했어. 한참 잊고 있었던 그 내음이 내 등을 스치자마자 내 오른쪽 날개뼈가 살짝 들썩였지. 햇빛을 머금은 투명한 건물들이 해를 바라볼 때면 나도 같이 그곳을 바라보게 돼. 그렇게 하루해가 지는 걸 보는 거야. 너도 창가에서 이걸 보고 있을까 생각이 들면 마음이 조급해져 속도를 내보지만, 내 어깨에 이미 자리한 피곤함이 내 가방끈을 꽉 붙들지. 그래, 알았어. 이제 겨우 해가 지는 것뿐인데.

　하루해를 넘어 여기로 무사히 건너왔어. 서로 눈을 맞추고 수고했다 인사하면 모든 게 더 선명해지는 이 시간. 서서히 번지는 수묵의 붓 자국을 따라 연두색 노을이 지고 있어. 그리고 거기, 네가 보여.

　엄지야, 이제 곧 여름이야!

당신의
권투를 빕니다

이다솔[24]

호주 브리즈번 시내를 걷던 어느 맑고 화창한 날, 정체 불명의 남자가 나를 멈추게 했다. 그의 첫마디가 "Hey!" 인지, "Hi, how are you?"인지 기억나지 않지만, 그의 뜬금없는 질문은 깊은 인상을 남겼다. "What's your favorite animal?" 외국인 남자는 짧은 인사 후, 내가 제일 좋아하는 동물이 무엇인지 물었다. 길 한복판에서 길을 물어보는 것도 아니고, 좋아하는 동물을 묻는 게 의아했지만,

---

24 이다솔 : 대학 시절 "좋은 광고란 좋은 상품이다."라는 말에 공감해서 AMD와 기획MD를 거쳐 현재 카테고리 매니저로 일하고 있다. 서른을 앞두고 무병장수와 만수무강을 꿈꾸며 복싱을 시작했으며, 운동을 통해 새로운 즐거움과 도전을 발견하며 더 재미있는 삶을 살고 있다.

"Umm, hamster! I like hamsters!"라고 답했다.

그러자 남자는 하루 종일 이 질문으로 거리의 행인 여럿을 붙잡았던 모양인지, 햄스터라고 말하는 나를 의아하게 쳐다봤다. 그 얼굴을 마주하니 괜히 내가 햄스터를 좋아하는 이유를 덧붙여야 할 것 같았다. '아니, 이보시오. 세상에는 고양이를 좋아하는 사람도 있고, 강아지를 좋아하는 사람도 있으니, 그러니 물론 햄스터를 제일 좋아하는 사람도 있단 말입니다.' 나는 햄스터를 좋아하는 이유를 짧은 영어로 설명했다. "햄스터는 작은 몸집에도 자기 몸의 몇백 배가 되는 먼 곳의 영역까지도 자기 세상으로 누비며 살아가기 때문에 좋아해요."

세상에는 무리를 이루며 사는 동물도 있고, 혼자서도 잘 살아가는 동물도 있다. 그런데 햄스터는 겉으로 보기에는 무리를 지어 사는 것처럼 보이지만, 사실 매우 독립적인 동물이다. 실제로 한 우리에 한 마리의 햄스터를 기르는 게 좋다는 의미의 '1 햄스터 1 케이지'라는 기본적인 주의 사항도 있다. 먹을 것이 생기면 한 번에 다 입에 욱여넣지 않고, 볼 주머니와 은신처에 차곡차곡 모아두는 햄스터! 온몸으로 쳇바퀴를 돌며 운동하고 스트레스를 해소하는 햄스터! 몸을 부지런히 움직이며 자기만의 방식으로 세상을 탐험하는 햄스터! 그 모습에서 영감을 받아 이번 생은 딱 햄스터만큼 살아보고 싶다.

햄스터를 키우기 위해 필요한 준비물은 약 120L 크기의 케이지, 베딩(톱밥), 쳇바퀴, 모래, 은신처, 그리고 먹이와 물통 정도다. 특히 쳇바퀴는 햄스터와 떼어놓을 수 없이 중요한 운동기구로 햄스터의 활동량과 스트레스 해소, 즐거움에 큰 영향을 준다. 지금 나에게 있어서 복싱은 햄스터의 쳇바퀴와 같은 존재다. 햄스터가 매일 쳇바퀴를 돌리며 그 안에서 즐거움을 찾듯이, 나는 복싱을 통해 반복되는 동작과 연습으로 일상을 정돈하고, 삶의 영역을 넓히고 있다. 햄스터로부터 배운 삶의 철학은 단순한 '햄스터를 좋아한다.'는 대답에서 시작되었지만, 그날의 질문은 나에게 깊은 의미를 남겼다.

노 복싱 노 라이프

내 꿈은 무병장수, 만수무강이다. 이왕이면 오래 살고 싶다. 오래 살고 싶은 이유는 단순하다. 시간은 한정되어 있고, 하고 싶은 일이 많기 때문이다. 건강하게 오래 살면서 "살다 보니 이런 날도 오네!"라는 순간을 많이 경험하고 싶다. 모든 일은 선택과 집중이 필요하고, 우선순위를 정하는 것이 중요하다. 그러나 삶은 종종 해야 하는 일을 하느라 하고 싶은 일은 뒷전이 될 때가 있다. 따라서 하고 싶은 일을 천천히라도 하려면 우선 오래 살고 볼 일이다.

100살까지 산다고 해도, 나이 앞자리 숫자가 바뀌는 경험은 딱 10번뿐이다. 19살에서 20살로 넘어갈 때는 어른이 된다는 사실에 자랑스러웠지만, 29살에서 30살로 갈 때는 어딘지 억울한 느낌이 들었다. '아니, 벌써 10년이 지났다고?' 하는 마음이 80%였고, '그래도 경건한 마음으로 받아들이자.'는 마음이 20%였다. 나이는 숫자에 불과하다고 하지만, 20대를 두 달도 남기지 않은 상태에서 '이대로 30대가 돼버릴 수는 없어!'라는 불안감이 들면서 뭔가를 시작하고 싶었다. 그때 '20대 때 운동을 시작하지 않으면, 30대가 되어서 고생한다.'는 문구를 읽었다. 발등에 불이 떨어진 기분이었다. "20세든지 29.9세든지 어쨌든 20대니까!"라며 급하게 복싱 체육관을 찾았다. 공포 소구는 꽤 효과가 좋았다.

2021년 11월 16일, 복싱 체육관에 들어서는 데는 생각보다 많은 용기가 필요했다. 체육관으로 향하는 계단을 오르니 샌드백 치는 소리가 점점 커졌고, 체육관 입구에 다다랐을 때 유리문 너머로 맥없이 흔들리는 샌드백들이 보였다. 신나는 음악과 함께 주먹을 내는 소리와 기합 소리가 섞여 시끄럽게 울렸다. 그 분위기에 압도당해 문을 열고 관장님을 부를 용기가 사라졌다. "나 복싱 등록하고 올게!"라고 친구에게 호기롭게 말까지 했건만, 첫 시도는 실패로 끝났다.

　다음 날, 문 닫기 2시간 전쯤 체육관을 다시 찾았다. 체육관에는 관장님과 몇 명만 남아있었고, 전날과는 달리 차분한 분위기였다. 그리고 난 머릿속으로 시뮬레이션을 반복하며 등록 준비를 마친 상태였다. 유리문을 열고 관장님처럼 보이는 분에게 다가가서 "안녕하세요, 저 복싱 등록하고 싶어서요."라고 말했다. 목소리 크기가 뒤로 갈수록 작아졌지만, 크게 개의치 않았다. 1개월을 등록하겠다고 말하자 관장님은 곧바로 운동을 시작하자고 했다. 긴장한 채 실내 운동화로 갈아 신었고, 관장님의 시범대로 몸풀기 동작부터 따라 하는데, 몸이 풀리기보다는 속이 메스껍기 시작했다. 30분쯤 후, 나는 지쳐서 손사래를 치며 풀썩 주저앉았다. 조금 변명을 하자면 저녁을 먹고 얼마 되지 않은 상태에서 몸을 움직인 탓이었다. 그렇지만 당시 저질 체력인 내게 그날의 가벼운 몸풀기도 꽤 강행군이었다는 걸 부정할 수는 없다. 관장님은 식사 후 운동을 피하라는 조언과 함께 귀가를 허락했다. 이것이 나와 복싱의 첫 만남이었다.

복싱을 등록하기 전에는 '몰랐던 재능을 발견하는 거 아닐까?'라는 희망을 품었지만, 슬프게도 내게는 재능이 없었다. 체력은 저질이었고 몸은 뻣뻣했으며, 미처 몰랐는데 지독한 몸치이기까지 했다. 줄넘기할 때 자꾸만 발이 걸렸고, 손과 발을 번갈아 뻗는 과정에서는 같은 방향의 손과 발을 뻗어버리기 일쑤였다. 복싱은 한 라운드당 3분 운동, 30초 휴식으로 진행되는데, 3분은 정말이지 너무 길었고, 30초는 또 너무 짧았다. 마무리 운동으로 윗몸 일으키기와 팔굽혀펴기, 줄넘기까지 하고 나면 온몸이 쪼그라들었다. 운동을 마치고 나면, 마치 배터리가 10% 정도 남은 핸드폰처럼 에너지가 소진된 채로 털레털레 집에 가는 것이 일상이었다.

"직장인이면서 퇴근하고 매일 운동하는 사람은 진짜 독종이야" 부스럭대며 운동복으로 갈아입고 있는데, 친구로 보이는 두 사람의 대화가 하필 내 귀에 꽂혔다. 회사와 운동, 집을 반복하는 생활을 하고 있었기에, 마치 내 얘기인 것처럼 찔렸다. 그러나 나는 독종이 아니라 중독자였다. 카페인 중독, 알코올 중독, 최근 유행하는 도파민 중독까지 다양한 중독이 있지만 나는 지독한 복싱 중독자였다. 나를 둘러싼 주변 일들은 나보다 너무 앞서가거나 뒤

처져서 속도를 맞추기 어려웠는데, 복싱만은 내 마음대로 굴러가는 것처럼 느껴졌다. 당시 하루의 마지막 일과는 체육관 벽에 붙은 출석부에서 내 이름에 동그라미를 치는 것이었다. '참 잘했어요.' 도장을 받으려는 아이처럼, 쉬어야 하는 날까지도 운동을 강행했다.

80년 만의 기록적인 폭우로 도로가 잠긴 날도 그런 날 중 하나였다. 시간당 136.5mm의 비가 내려, 한 달 치의 비가 하루 만에 쏟아지는 수준이었다. 나는 여전히 복싱에 전념하고 있었다. 창가에 서서 웅성거리며 바깥을 흘끗대던 사람들을 보면서야 사태의 심각성을 깨달았지만, 이미 늦었다. 9시가 넘은 시각, 운동 친구 P와 밖을 나섰을 때 우리를 맞아 준 것은 '비가 언제쯤 그칠까.'라며 동동거리는 사람들과 넘실거리는 물길이었다. 그 위로는 '봉지라면 5개 입'이 둥둥 떠다니고 있었다.

어느 날은 코치님이 "금요일인데 둘은 왜 약속도 없냐?"며 농담을 했다. '운동하러 오는 게, 이게 약속인데!' 코치님은 정말 우리의 '복싱 사랑'에 대해 아무것도 모른다. 나는 전날 운동하다가 뒤로 나자빠져서 왼쪽 엉덩이가 아픈 상태였다. P는 아침에 운동복을 챙기는 걸 잊어버려서 체육관 1층 옷가게에서 티셔츠를 사기까지 했다.

평일은 운동을 위해 약속 잡는 것을 피하고, 주말에는 월요일을 기다리는 우리의 마음을 왜 모르는 걸까? 그리고 한편으로는 궁금했다. 몸을 다치고도 오고, 장비가 없으면 새로 사서 출석 도장을 찍는 우리가. 복싱이 생업도 아니면서 이렇게까지 하는 이유가 있을까? 30초의 짧은 쉬는 시간에 "우리는 취미로 운동을 하는 게 아니라, 꼭 직장에 다니는 것처럼 운동한다."고 한마디 했다. 그러자 친구는 "일은 그냥 잠깐 의자에 앉아 있는 것이고, 우리의 본업은 복싱."이라고 응수해서 크게 웃어버렸다.

한 달 동안 꾸준히 출석한 덕분에 관장님께 출석왕 2등이라는 칭찬을 받았다. 열심히 출석한 보상으로 멋진 흰색 글러브도 선물 받았다(1등은 앞서 언급한 친구 P다). 지금은 주 3~4회 체육관에 꾸준히 나가며 운동을 하고 있다. 무리하지 않고 몸을 잘 챙기며 운동하는 쪽으로 방향을 바꾼 결과다.

이쯤 되면 내가 수많은 운동 중 왜 복싱을 선택했는지 궁금할 수도 있겠다. 우선, 복싱 체육관의 접근성이 좋았다. 지하철역 근처에 있어 퇴근 후 바로 운동을 시작할 수 있었다. 팡팡 치는 샌드백 소리는 듣기만 해도 스트레스가 풀릴 것 같았고, 스스로를 지키기 위해 복싱을 배우고 싶다는 생각도 있었다. 또한, 체육관 간판에 관장님의 이름이 적혀 있는 게 마음에 들었다. 맛집 간판에 사장님의 이름이 쓰여 있는 것처럼, 체육관 간판에서도 관장님의 정성과 열정을 엿볼 수 있었다. 관장님의 이름은 마치 영화나 드라마 속 복싱 선수에 어울릴 법했다.

어린 시절의 기억도 내 복싱 여정을 결정하는 데 중요한 역할을 했을지 모른다. 초등학교 5학년 때, 친구의 집에서 샌드백을 쳐보는 것이 재밌었고, 부모님께 복싱을 배우고 싶다고 했지만, 아빠는 근육이 우락부락해질까 봐 반대하셨다. 이후 그 기억은 잊고 지냈지만, 체육관을 다니면서 그때의 기억이 어렴풋이 떠올랐다. 오랜 시간이 흐른 후 다시 복싱과 만나다니 신기하다. 살다 보니 이런 날도 온다!

마이 데일리 루틴

내 일기장은 띄엄띄엄 쓰여 있다. 일기란 매일 하루 동안 겪었던 일과 느꼈던 감정, 생각을 적는 것인데, 나는 시간이 없다는 핑계로 가끔 일기를 쓴다. 2022년 1월부터 시작한 일기장은 총 250페이지인데, 현재 134페이지에 머물러 있다. 이런 속도라면 2년 뒤에도 같은 일기장을 쓰고 있을 것이다. 그래서 "일기를 쓴다."고 당당히 말하기엔 양심에 찔린다.

 일상이 단순해져서 일기를 쓸 일이 별로 없기도 하다. 소지품과 가방도, 입고 다니는 옷도 Ctrl+C, Ctrl+V 하듯이 반복된다. 흔히 가방 속을 보면 그 사람을 알 수 있다고 하는데, 내 가방을 보면 대부분이 운동과 관련된 물건이다. 가방에는 핸드랩, 티셔츠, 바지, 다이어리, 볼펜, 우산, 그리고 지갑 겸 파우치가 들어 있다. 주로 백팩을 사용하는데, 두 손이 자유로워 편리하고 부피가 큰 옷도 넣기 좋다. 핸드랩은 글러브를 끼기 전 손목과 손가락을 보호하기 위해 감는 기다란 천으로, 글러브에 땀 냄새가 배는 걸 막아주는 역할도 한다. 손세탁을 해야 하지만 귀찮아서 세탁기에 돌리다 보니 핸드랩의 찍찍이 부분이 금세 너덜너덜해졌다. 이를 본 관장님이 찍찍이를 잘라주고, 새롭게 매는 방법을 알려주시며 "이렇게 하면 10년은 더 쓸 수 있어!"라고 웃으셨다. 그 말을 들으며 내가 그때까지 복싱을 계속할지 아니면 그만두게 될지 알 수 없지만, 관장님의 말씀이 따뜻하게 느껴졌다. 가방에는 운동할 때 입을 티셔츠와 바지도 챙겨 두었다. 나는 주로 검은색 운동복을 입는데, 땀을 흘려도 티가 덜 나기 때문이다. 회색 바지나 주황색 티셔츠를 입었을 때 땀이 번져 민망했던 이후로 검정색을 선호하게 되었다. 그런데 다른 사람들도 검정색 티셔츠를 단체로 맞춘 것처럼 입는 걸 보니, 사람들 생각이 다 비슷한가 보다.

일과는 꽤 규칙적이다. 평일에는 24시간 중 9시간을 회사에서 보내고, 2시간을 출퇴근 시간에, 7시간을 잠자리에서 보낸다. 식사와 개인적인 시간을 제외하면 단 4시간 정도 남는데, 이 중 1시간 30분에서 2시간을 복싱에 할애한다. 그래서 복싱은 일기장의 단골 소재다. 아침에 눈을 뜨면 핸드랩을 가방에 넣고, 운동복을 준비한다. 저녁에는 체육관에 가서 운동하고, 운동 후에는 핸드랩을 챙겨 집에 가서 샤워를 한다. 개운한 상태에서 저녁을 먹으면 하루가 끝난다. 복싱을 모르던 시절에는 나머지 시간을 어떻게 보냈는지 잘 모르겠다.

저녁 7시 전후에 체육관에 도착하면, 신발을 벗고 관장님, 코치님, 그리고 몇몇 관원들과 인사를 나눈다. 때로는 귀여운 강아지가 신발장까지 달려와 반겨주기도 한다. 인사를 마치면 탈의실로 가서 운동복으로 갈아입고, 핸드랩을 챙긴 후 사물함에서 신발을 꺼낸다. 링 앞에서 신발 끈을 리본으로 한 번 묶고, 다시 한 번 매듭을 짓는다. 신발 끈이 자주 풀리다 보니 나름대로 해결책을 찾았다.

운동 순서도 정해져 있다. 손목, 발목, 목, 어깨, 무릎을 가볍게 풀어준 후 줄넘기를 3라운드 한다. 이어서 8kg 불가리안 백을 메고 스쿼트와 런지[25]를 하며 하체와 코어를 강화한다. 발을 번갈아 뛰는 스텝 연습과 0.5kg 아령으로 원투와 어퍼를 내는 연습도 한다. 핸드랩을 감은 뒤 거울을 보며 원투 기본기를 1라운드 연습하고, 지난번 배운 것과 그날 배운 것을 각각 1라운드와 3라운드 연습한다. 그 다음에는 링 위에서 3라운드 동안 새도우 복싱[26]을 하고, 3라운드 샌드백을 치며, 2라운드 정도 미트[27]를 치거나 매스 스파링[28]을 한다. 마지막으로 팔굽혀펴기나 윗몸 일으키기로 운동을 마무리한다.

일상은 반복되지만, 가끔 특별한 일이 생기기도 한다. 매

---

25 런지 : 하체와 코어 근육을 강화하는 데 효과적인 전방위 운동이다. 한 발을 앞으로 내딛으면서 무릎을 굽혀 앉는 자세를 취하는 것으로 균형 감각과 하체 근력을 기를 수 있다.

26 새도우 복싱 : 상대 없이 혼자서 하는 복싱 훈련으로서, 거울 앞에서 자신의 자세와 동작을 확인하며 펀치, 스텝, 방어 기술을 종합적으로 연습할 수 있다.

27 미트 : 복싱 또는 격투기 훈련에서 사용하는 도구로, 트레이너가 손에 착용하여 선수의 펀치 기술과 스피드 향상을 위해 사용된다. 트레이너는 미트를 움직여 다양한 각도에서 펀치를 유도하며, 이는 선수의 반응 속도와 정확성을 높이는 데 도움을 준다.

28 매스 스파링 : 실제 경기나 상대와의 스파링과 달리 머리로의 타격을 최소화하고 몸통 등 다른 부위를 주로 겨누는 형태의 스파링이다. 부상 위험을 줄이면서 여러 상대와의 교류를 통해 실전 감각을 익히고, 다양한 스타일과 기술에 대처할 수 있는 능력을 키우는 데 목적이 있다.

스 스파링 중 발이 X자로 엉켜서 속상했던 일이나, 코치와의 대련에서 맞은 어퍼컷 때문에 타이레놀을 먹고 잠을 청했던 일을 일기에서 읽을 때면, 그 순간들이 생생하게 떠오른다. 예전엔 작은 크로스백만 들고 다녔던 내가 옷을 넣기 위해 큰 백팩을 챙기게 되었다. 독일 격언에《운명이란 한 번도 찾아다니지 않던 무언가를 발견했을 때, 그것이 내게 항상 결여되어 있었다는 것을 확신하게 되는 것이다.》라는 말이 있다. 복싱은 마치 운명처럼 내 일상에 스며들어 나를 변화시키고 있다.

스트레스를 받을 때면 자주 두통이 오지만, 이제는 스트레스가 쌓일 때 체육관에 가서 샌드백을 세게 치는 것으로 해소한다. 보이지 않는 스트레스나 불만이 쌓일 때면, '오늘은 샌드백을 제대로 칠 수 있겠어.'라는 생각이 먼저 든다. 샌드백을 한껏 치고 나면 머릿속이 개운해진다. 운동을 하고 나면 잡념이 사라지고 별것 아닌 일이 된다. 복싱은 잠 못 드는 밤을 줄여주고, 생각을 정리해 주는 건강한 방전의 수단이다. 실패한 하루의 끝에 나를 지탱해 주는 복싱이 있어 참 다행이다.

우리 같이 놀아요

혼자 살면 외롭지 않냐고들 물어본다. 외로움을 뭐라고 정의해야 할까? 기쁨이나 슬픔처럼 단순한 감정이 아니라, 여러 가지가 뭉친 감정이라서 뚜렷한 형체가 없는 모호한 덩어리처럼 보인다. 나에게 외로움은 심심함, 서러움, 그리고 불안감이 혼합된 복합적인 감정이다. 때때로 심심하거나 서러울 때면 '아, 외롭다.'라고 느끼게 된다. 이런 감정을 누군가와 함께라면 즐거움으로 덮을 수 있지만, 현실은 그렇지 않다. 친구들은 각자 다른 곳에 살아 만나기 어렵고, 외로움은 언제든 불쑥 찾아온다. 그래서 나는 스스로와 잘 놀아주기로 했다. 좋아하는 음식을 먹고, 하고 싶은 일을 찾아보고, 내 이야기를 들어주는 시간을 만들었다.

햇살 좋은 날엔 신발 끈을 묶고 공원으로 나가 음악을 들으며 산책하고, 벤치에 앉아 햇볕을 쬐기도 한다. 처음에는 공원과 도서관으로 시작했던 외출이 다양한 장소로 넓어졌다. 자전거를 타고 한강을 달리거나, 친구들과 먹었던 피자가 갑자기 생각나서 이태원에서 피자를 먹고 남산에 올라갔다. 갑자기 바다가 보고 싶어지면, 숙소와 차편을 예약하고 속초로 떠나 바다를 보고 온천에 몸을 담갔다.

다행히도, 세상의 재미있는 것들은 혼자서 해도 일정 수준 이상의 재미를 보장한다. 혼자 밥 먹기, 혼자 영화 보기, 혼자 놀이공원 가기, 혼자 여행 가기, 혼자 등산 가기, 혼자 락 페스티벌 가기… 주말에 약속도 없이 집에 있으면, '혼자 ○○도 못해?'라는 괜한 오기가 생겨 혼자여도 잘 놀아 보려는 노력을 기울였다.

하지만 혼자 동네를 걷다 보면 이방인처럼 겉도는 느낌을 떨칠 수가 없었다. 사회생활을 시작한 이후로 주민등록등본을 떼는 일이 잦았다. 종이에는 이름과 주소가 적혀 있지만, 나의 동네라고 부르기가 영 어색했다. 사는 곳에 애정이 없었으므로 이직할 때마다 통장 잔고를 가늠하며 직장과 가까운 곳으로 철새처럼 거처를 옮기곤 했다. 저녁에 공원을 산책할 때, 삼삼오오 모여서 이야기하는 사람들을 부러운 눈길로 바라봤다. 그냥 늦은 저녁에 친구를 편하게 불러내서 동네에서 가볍게 치킨 한 마리 먹고, 배부르면 좀 걷다가 집에 들어가는 소소한 일상이 너무도 탐났다.

그래서 동네 친구를 사귀고 싶었다. 헤어지면 함께한 시간이 사라지고 마는 연애보다는 지속적인 관계를 원했다. 복싱은 혼자 하는 운동이라 상대에게 말을 거는 것이 쉽지 않다. 학창 시절 같은 반이 됐다는 이유로 수십 명의 친구들을 사귈 수 있었던 때와 비교하면, 자만추(자연스러운 만남 추구)를 위한 부단한 노력과 어느 정도의 운이 필요했다.

기억에 남는 일 중 하나는 친구 P와 연락처를 교환하게 된 일이다. 우리는 비슷한 시기에 복싱을 시작해 관장님이 같이 자세를 봐주는 일이 많았다. 내가 3개월 정도 먼저 시작했지만, P의 실력이 나보다 나은 것 같았다. 둘 다 집을 떠나 자취 중이라는 공통점 덕분에 동질감을 느꼈다. 우리는 운동 후에 함께 치킨을 먹자고 약속을 잡았다.

그런데 아뿔싸! 약속한 날, 예기치 못한 이유로 운동을 못 가게 되는 상황이 발생했다. 문제는 P의 연락처가 없다는 것이었다. 연락처는 무슨! 당시 우리는 통성명도 제대로 하지 않은 상태였다. 결국, 체육관으로 전화를 걸어 관장님께 부탁할 수밖에 없었다. "요즘 저랑 같이 자주 자세 봐주시는 분이요, 혹시 오늘 오면 급한 일이 생겨서 같이 치킨 못 먹는다고 전해주실 수 있을까요?" 다행히 그날 P도 운동하러 오지 못했고, 체육관에 연락했다고 한다. 며칠 후, 체육관에 가니 코치님이 우리 둘에게 그냥 연락처를 교환하라며 한마디 했다.

이후 우리는 치킨 대신 돼지갈비를 먹었고, 한동안 관장님과 코치님은 우리 둘이 사귀는 것 아니냐며 놀리기도 했다. 알고 보니 P는 나보다 4살이나 어렸고, 코로나 시기의 마스크 덕분에 체구가 작은 내가 또래처럼 보였다고 했다. 마스크 쓰고 운동을 하느라 숨이 차서 힘들었지만, 이 일만큼은 마스크에 얽힌 좋은 추억이다.

  현재 운동 친구는 P, W, G, C 등 4명이다. 각자의 이름은 사용하는 글러브의 색깔에서 따왔다. 분홍, 흰색, 초록. (흰색 글러브를 쓰는 두 명 중 체육관 코치인 친구는 C로 적었다.) 우리는 함께 운동하고 여행을 떠나거나 새로운 취미를 시도하고 있다.

  복싱을 시작한 지 1년 만에 처음으로 링에 올라갔고, 그때 실전의 어려움을 실감했다. 섀도우 복싱과 달리, 상대가 있을 때는 자세가 흐트러졌고, 8온스 백 글러브보다 무거운 14온스 스파링용 글러브를 사용하면서 주먹을 뻗는 것도 쉽지 않았다. 가드도 자꾸 내려가면서 약점이 드러났다. 그러나 친구들과 매스 스파링을 하면서 실력이 많이 향상되었다. P와 자주 겨뤘지만, 이제는 자신감이 붙어 다른 사람들과도 스파링을 하고 있다.

  체육관이 휴관일 때는 W, G, C와 강변을 따라 자전거를 탔다. 저녁 바람을 맞으며 페달을 밟고, 서로를 추월하며 장난을 쳤다. 한강으로 라면을 먹으러 가기로 했지만, 길을 잘못 들어 동네 공원에서 라면을 먹기도 했다.

지난겨울에는 W, G와 홍천으로 스키 여행을 떠났다. 스키는 나와 G에게 처음이었고, W는 친구에게 배운 적이 있지만 여전히 초보였다. 복싱 덕분인지, 스키와의 첫 만남은 생각보다 수월했다. 나이 차이가 있는 우리를 보며 스키복 대여 사장님이나 스키 강사님, 택시 기사님이 무슨 사이냐고 물어왔는데, 복싱을 함께한다고 대답하면서도 쑥스러웠다.

최근에는 W와 가평 뮤직 페스티벌에 갔고, 김창완 밴드의 <우리 같이 놀아요>를 함께 부르는 모습이 전광판에 잡히기도 했다. 페스티벌의 재미를 알게 된 W와 나는 10월 부산에서 열리는 락 페스티벌에도 함께 가기로 했다.

이번 가을, 우리는 5명이 함께 여행을 떠난다. 이렇게 많은 친구와 해외여행을 떠나는 것은 처음이다. 겉으로는 단체 여행처럼 보이지만 우리는 패키지여행을 떠나는 셈이다. 숙박과 항공권은 함께 예약했지만, 각자 하고 싶은 것이 있어 필요할 때는 흩어져 시간을 보낼 예정이다. 저녁에는 게스트 하우스에서 만나는 낯선 사람들처럼 모여 각자의 하루를 공유하며 이야기를 나누게 될지도 모른다.

나이와 관심사가 제각각인 우리의 우정은 복싱에서 시작되었다. 체육관에서 시작된 이 인연이 체육관 밖에서도 이어져, 우리는 함께 많은 추억을 쌓아가고 있다. 동네 친구들을 사귀면서 더 이상 내가 이방인이 아니라, '우리 동네'의 일원으로 자리 잡았다는 생각이 든다.

갓생 말고 고(GO)생

"나이 드니 몸이 예전 같지 않아." 고등학교 친구들과 곗돈으로 뭘 할지 논의하던 중 J가 불쑥 말했다. 해가 지날수록 얼굴 보기가 어려워지자 연 4회 만남을 목표로 삼았고, 연말에는 사다리 타기로 각자 맡을 계절을 정해 체계적으로 만남을 이어가고 있다. 예를 들어, 봄을 맡은 사람은 3~5월 사이에 놀거리를 마련하는 식이다. 그 시간에 무엇을 할지는 담당자의 자유다. 가볍게 집에서 밥을 먹거나, 여행을 떠나거나 할 수 있다. 나는 활동적인 계획을 선호해, 주말에 반짝 강릉에 다녀오는 것을 제안했지만, 주말 근무가 있는 J는 지나치게 활동적인 것은 피하자는 의견을 냈다. 결국 1박 2일 강릉 여행은 강행되었지만, 이제는 돈과 시간뿐만 아니라 체력도 고려해야 할 때가 됐다.

'나이 들면 몸이 예전 같지 않다.'는 말은 아직 나에게는 크게 와닿지 않는다. 오히려 운동을 시작하면서 20대보다 체력이 좋아졌다. 물론 알코올과 카페인이 몸에 잘 맞지 않게 되었고, 밤을 새우면 회복 속도가 느려졌지만, 생활 체력은 오히려 향상되었다. 2022년에 표준 이하였던 근력은 2024년에는 표준에 도달했고, 10km 마라톤도 59분 만에 완주했다. 지하철 출구로 나가는 계단을 오를 때 도중에 한 번은 속도를 늦춰야 했던 지난날에 비하면 장족의 발전이다.

게다가 운동을 시작하면서 몇 가지 순기능도 경험하게 되었다. 라면을 끓일 때 콩나물이나 청경채를 넣어 혈당 스파이크를 줄이려고 노력하고, 만사가 귀찮더라도 굶기보다는 계란이라도 삶아 먹으려고 한다. 운동복을 자주 빨아야 해서 이틀에 한 번은 세탁기를 돌리게 되었고, 주말에는 운동 친구들이 집에 자주 찾아오면서 자연스럽게 방을 청소하고 깨끗하게 유지하게 되었다. 이 과정에서 어느 정도의 체력이 있어야 가사와 직장 업무를 병행할 수 있다는 사실도 깨달았다. 그래서 1인 가구에게는 운동이 필수라는 생각이 들었다.

운동이 익숙해지자 예전에는 평일에 일과 운동을 마치고 지쳐 쓰러지기 일쑤였지만, 여유가 생겼다. 빈 시간에 무엇을 할지 고민하던 중, 주변 사람들의 제안으로 새로운 취미를 찾았다. 친구 R의 제안으로 방통대 사회복지학

편입을 결심했으며, 운동 친구 W의 권유로 일본어 자격증 공부도 시작했다.

　주변에서는 종종 열심히 산다며 '갓생'이라고도 하고, 왜 그렇게까지 하냐며 '고생'이라는 말도 한다. 친구는 "취미가 일로 느껴지면 안 된다."고 조언하지만, 나는 '갓생'도 '고생'도 아니다. 갓생은 '신(God)'과 '생(生)'을 합쳐 생산적으로 사는 삶을 의미하고, 고생은 '고(苦)'와 '생(生)'이 합쳐져 고통스럽고 힘든 삶을 뜻한다. 그러나 나는 재밌어 보이는 것을 만나면 짬을 내어 해보는 삶, 즉 '가다(Go)'의 의미를 더한 'GO생'을 살고 있다. 그래서 내 삶은 갓생처럼 매일 생산적이지도, 고생처럼 괴롭지도 않다. '해도 후회 안 해도 후회'라면, 일단 해보는 게 낫다고 생각한다. 할까 말까 하는 갈림길에 서면, 노년의 나를 상상해 본다. 80세의 나는 먹고 싶은 음식을 마음껏 못 먹고, 무릎이 아파서 행동반경이 좁아질지 모른다. 체력이 떨어지고 하고 싶은 일이 없을지도 모른다. 엄마와 아빠의 목소리를 듣고 얼굴을 보고 싶어도, 결국 기억으로만 만족해야 할 것이다. 나이가 들수록 도전하기가 어려워진다고 하니, 오늘의 내가 제일 젊다는 걸 잊지 않고, 최대한 많이 시도하고 싶다. 로버트 프로스트의 시 〈가지 않은 길〉

처럼 풀이 무성하지만, 발길을 부르는 길을 따라 '양치기'로 — 질보다는 양으로 — 살고 싶다. 겉으로 어렵게 보이지만 막상 해보면 생각보다 쉬울 수도 있으니 일단 해보는 거다. 가슴이 뛰고 할 여력만 있다면, 걸어갈 테다. 더넓은 세상으로!

1인 가구의 쓸모

호랑이는 죽어서 가죽을 남기고, 사람은 죽어서 이름을 남긴다. 1인 가구인 나는 죽으면 무엇을 남기게 될까?

어릴 때부터 육성게임은 영 흥미가 없었다. 동생이 게임을 시작하기 전 직업을 계획하고, 공략집을 참고하는 동안, 나는 단지 몇 번 주사위를 던져보는 게 전부였다. 스탯[29]이 뭔지도 모르고 캐릭터를 생성하고 사냥을 시작했는데, 동생은 내가 게임을 시작한 순간부터 "누나 캐릭터는 망했어."라고 말했다. 그럼에도 나는 몬스터를 사냥하고 아이템을 모으는 것 자체가 즐거웠다. 게임의 목적은

---

29 스탯 : status의 약자로서 게임에서 캐릭터의 능력치를 의미한다. 체력, 공격력, 방어력, 경험치 등이 있다. 메이플스토리에서는 캐릭터 생성 시 주사위를 굴려 힘, 민첩, 지능, 행운 등 4개의 스탯을 어떻게 받느냐에 따라 캐릭터의 초기 운명이 결정된다.

'재밌게 잘 놀면 그만'이었기 때문이다.

어쩐지 인생에 대해서도 이런 태도를 갖고 있는 듯하다. 하지만 인생은 게임과 달리 선택의 무게가 무겁다. 나를 키우는 데는 육성게임보다 신중한 태도와 전략이 필요하다. 20대는 하기 싫으면 피해버리고, 끈기를 배울 시기에 도망치며, 하고 싶은 것만 찾아다녔던 것 같다. 공자는 30세면 이립(而立)으로 '자기 인생의 뜻을 분명히 세우게 된다.'고 했는데, 아직도 인생을 어떻게 살지 잘 모르겠다. N잡러의 시대에 취미를 업으로 삼는 사람들을 보면 마냥 부럽다.

복싱 2주년을 자축하며 친구들에게서 축하를 받았는데, R은《1. 돈이 나오냐 → X, 2. 상장이 나오냐 → X, 3. 꽃다발이라도 주냐 → X》라며 복싱 2주년은 축하할 일이 아니라고 했다. 이렇다 보니 가끔 우울할 때는 '쓸모없는 취미에 시간을 들이고 있는 게 아닌가?'라는 생각도 들고 실용성을 고민하게 된다.

쓸모를 고민하다 보면, 인생에서 큰 선택 중 하나인 '혼인'을 빼놓을 수 없다. 혼인은 인륜지대사로 '인간이 살아가면서 하는 중요한 일'로 여겨지곤 한다. 서른을 넘기니 결혼한 친구도 있고, 결혼 예정인 친구도 있다. 고등학교 친구들과 소망을 얘기하면서, H는 아이가 갖고 싶다고 하고, J는 결혼하고 싶다고 하고, Y는 연애하고 싶다고 했다. 나는 지금 이 자체로 행복하다고, 가끔 외로울 때 친구면 충분하다고 말했다.

청년세대 여성의 미혼율이 2000년 47.2%에서 2020년에는 76.8%로 크게 증가했음에도 불구하고, 30대 초반의 1인 가구는 여전히 미성숙하다고 여겨진다. 20대 때는 '결혼 안 한다는 애들이 제일 먼저 결혼한다.'는 우스갯소리를 들었지만, 이제는 '다른 사람들이 하는 건 다 해봐야 한다.'는 권유를 받는다.

이제는 개인의 취향이 그 어느 때보다 존중받는 시대다. 음식점에서 샌드위치를 주문할 때도 빵과 치즈 종류를 고르고, 먹고 싶은 재료를 추가하고, 먹기 싫어하는 채소는 빼버리고, 원하는 소스를 뿌려 먹을 수 있다. 음료 하나에도 당도, 얼음, 토핑을 취향껏 추가하고 덜어낼 수 있다. 이런 시대에서 저마다의 뜻을 세우고 기준을 가지는 것이 중요하다고 생각한다. "아직 제가 어려서 아무것도 몰라요!"라는 말을 선뜻 내뱉기 어려운 나이니, 선택에 대한 근거는 스스로 고민해야 한다.

자취라는 단어에는 '무엇이 남기고 간 흔적'과 '손수 밥을 지어 먹는다.'는 두 가지 의미가 있다. 이처럼 멋진 의미에도 불구하고, 자취는 종종 결혼 전 단계처럼 가볍게 여겨지곤 한다. 혼자 산다고 하면, "자취 하냐?"는 질문이 돌아온다. 결혼하지 않으면 나는 평생 자취를 하게 되는 걸까? 할머니가 되어서도 자취라고 부르지는 않을 텐데, 언제쯤 나를 키우는 일이 자취가 아니게 될지 궁금하다.

엄마는 '혼자 살아도 좋지만, 부모의 사랑은 절대 모를 것'이라고 말했고, 친구는 '혼자만의 행복만 알고, 둘이서의 행복을 모르는 건 슬프다.'고 했다. 이런 말들이 1인 가구의 삶이 완전하지 않다고 느끼게 한다. 혼자 있으면 쓸모없고, 함께 있어야 쓸모가 있는 것처럼 말이다. 입맛이 서로 다르듯 혼자 사는 게 취향인 사람도 있을 수 있는데.

하루에 한 번은 부모님께 안부 전화를 드린다. 매번 시시한 3분 남짓의 생존 신고와도 같은 통화지만, 두 분은 가끔 '뻔한 교훈'을 들려주시곤 한다. 기억에 남는 말씀은 '행복하게 살아라.'와 '돈을 너무 아끼지 마라.'(부모님은 내가 절약왕인 줄 아신다), 그리고 '시간은 정말 빠르게 흘러가니 하기 싫은 건 하지 마라.'는 것이다. 마지막 말씀이 조금 의아하게 느껴지지만, 역시 좋아하는 걸 하는 것만큼이나 중요한 건, 하기 싫은 걸 내 인생에서 빼버리는 일일지도 모르겠다.

혼자 살면서 나는 나 자신을 더 깊이 이해하게 된다. 마음이 불안하면 집이 어수선해지듯, 집은 내 마음과 취향이 고스란히 드러나는 공간이다. 평범한 사람도 각자의 독특한 취향을 가지고 있다. 예를 들어, 마사지를 좋아하는 친구는 집에 건식 반신욕기를 두고 찜질복을 입은 채 TV를 본다. 나도 내 취향을 반영한 공간을 만들어 가고 있다. 벽에는 복싱 글러브가 그려진 포스터와 좋아하는 작가의 친필 사인 포스터를 걸어 두었다. 특히 사인 포스터는 재고가 없어 마지막으로 디스플레이된 상품을 구매했는데, 액자에 넣어 벽에 걸었을 때는 밥을 안 먹어도 배가 부른 기분이 들 정도로 기뻤다. 주말 아침, 일찍 눈을 뜨면 옆 사람이 깰까 봐 조심할 필요 없이 자유롭게 일어나 맥도날드에서 맥모닝을 먹고, 공원에서 산책하는 작은 일탈도 나만의 즐거움이다.

누군가는 1인 가구의 삶이 쓸모없다고 느낄 수도 있지만, 자기 행복에 집중하고 즐기는 것만으로도 쓸모를 다한다고 생각한다. 아니, 사실 지금까지 쓸모를 찾지 않았던 내가 이제 와서 인생의 쓸모를 찾는 것도 웃기다. '쓸모없는 선물'을 교환했던 유행처럼, 실용성보다는 재미를 추구하는 문화에서 '재밌게 살면 그만'이라고 생각한다. 그러니 1인 가구라도 행복한 인생이다!

가족, '나'라는
존재의 근원

전수경[30]

사람들에게 '내 편'이 있냐고 물어보고, 스스로에게도
되물어 본다면 아마도 '없을걸'이라고 대답하지 않을까
싶다. 남편이 없어서? 아내가 없어서? 부모가 없어서? 그
게 아니다. 옳고 그름을 분간할 줄 알고 사리분별을 할 줄
아는 나이라서 잘못했을 때 편을 들어줄 이유가 없기 때문
이다. 응원과 지지를 하는 것과는 다른 의미이다.

---

30 전수경 : 건강하고 건전한 몸과 마음으로 인생을 살고 싶어 하는 평범한
    사무직 직장인. 스스로의 만족과 행복의 기준이 있어 평일에는 퇴근 후
    운동을 하거나 뭔가를 배우고, 주말에는 자원봉사와 같은 활동을 하면서
    하루하루를 풍요롭고 건설적으로 만드는 데 자부심과 뿌듯함을 느끼고
    있다.

어릴 적에 내 편이자 방패막이는 부모님과 할머니였다. 선택적 도피처라고도 할 수 있겠다. 특히 한 집에서 할머니, 부모님과 함께 살았고 부모님보다 더 오래 사신 어른이 할머니이기 때문에 그때 내게 철옹성 같은 방패막이는 할머니셨다. 동생과 싸우거나 동네 어르신께 예의 바르지 않은 행동을 했을 때는 부모님의 엄한 호출이 떨어졌다. 혼나기 무서워 피하고 싶은 순간이다. 그때 할머니께서 한마디로 막아내거나 품으로 감싸 안아주실 때는 어찌나 살 것 같고 안심이 되었는지 모른다. 무조건적인 든든한 내편, 안전한 도피처라고 생각했기에 부모님께 혼날 분위기를 감지하면 빠져나갈 구멍을 찾으려는 사고회로가 본능적으로 작동했다. 동시에 눈물이 차오른 눈망울로 살려달라는 애절한 눈빛을 할머니께 뜨겁게 보냈다.

할머니 품에 쏙 안길 수 있었던 때는 그렇게 내 편이 있었는데 지금은 상상도 할 수 없다. 그렇게 했다가는 누구에게라도 등짝 스매싱 날아오기 십상이다. 어렸을 때는 "~해떠요."라는 유아기 말투에도 귀여움을 받고 음식을 흘리면서 먹든 뭘 하든 "잘했다."라는 말을 들었다. 하지만 커갈수록 하지 말아야 할 것과 해야 할 것이 많아진다.

오롯이 나로 살고, 한 인간으로 살아가기 위해서는 거쳐야 할 단계가 있고 나는 어느 지점까지는 이른 셈이다. 밥 정도는 안칠 수 있고 옷감이 상하지 않게 빨래망을 챙겨 세탁할 생각도 하며 사니까 말이다. 그래도 여전히 진간 장과 조선간장의 차이가 뭔지 묻거나 어떤 집밥, 반찬을 먹고 싶다는 말을 간접적으로 에둘러서 청을 해보기도 한 다. 이뿐만이 아니다. 홍역을 앓았는지, 그때가 몇 살이었 는지 내가 모르는 인생의 흔적은 부모님이나 집안의 어른 께 확인할 수 밖에 없다. 한국에서는 심지어 태몽까지 이 야기하니 태어나기 전부터 가족이 아니면 불가능한 특수 한 관계가 맺어진다. 나를 알기 위해서는 가족의 영향을 받지 않을 수 없다.

이렇듯 나란 존재는 가족이라는 뿌리에서 자라나 나를 이루고 있다.

생일 축하해. 미역국 먹었어?

아무렇지 않은 척하지만 사실은 신경 쓰이는, 일 년에 딱 한 번 있는 날, 생일. 세상 누구에게나 공평하게 주어진 날 이기 때문에 특별할 건 없지만 개인에게는 무척이나 특별 한 날이다. 어렸을 때는 내 생일만큼은 미리 알고 기다렸 지만 먹고 사느라 일상이 바쁘고 주변을 둘러보고 살 나이가 되다 보니 이젠 생일을 기다리기는커녕 여차하다 일 년에 한 번 있는 생일도 잊곤 한다. 어차피 길어야 한 달 정도 쓰고 구석 어딘가에 박혀있을, 새해맞이 큰 결심으로 구매한 다이어리에는 연간 일정에 소중한 이들 — 가족, 친구들 — 의 생일을 기록해 놓고 있다. 만약의 만약을 대비해서 휴대폰 캘린더에도 미리 저장을 해둔다. 생일만큼은 잊지 말자는 나름의 배려 차원이다.

내가 태어난 해의 6월 17일은 주말이었다. 어렸을 때는 생일은 주말이 아니라 주중이어야 하고 학기 중인 것이 좋다고 생각했다. 학교에 가서 친구들 축하도 받고 함께 모여 놀테니. 사회생활을 하고부터는 생일이 주중이든 주말이든 의미가 없다. 그렇지만 생일이 주말이면 좋겠다는 생각을 해본 적은 있다. 나를 노출하지 않고, 언급되지도 않고 그냥 조용히 하루가 지나갔으면 좋겠다는 소심한 직장인의 심정이랄까? '주말이 생일이면 출근을 안 하고 맛집 가서 기분이나 낼 텐데.' 하는 합리적인 핑계를 찾기도 한다.

어릴 때는 부모님께서 어떤 생일 선물을 주실까 내심 기대를 하고 대놓고 여쭤보기도 했다. 성인이 되어서는 그런 말 하기가 쑥스럽고 민망하여 기대조차 하지 말자는 생각을 하고 있다. 그래도 생일 때 선물을 보내주는 사람들이 몇 명 있다. 혼자 있을 때는 아무래도 챙겨 먹는 것에 소홀해지기 쉽다 보니 혼자 사는 나를 위한 선물은 주로 먹을 것과 관련이 있다. 빈속으로 다니지 말라고 개별 포장된 떡 한 상자를 보내준다거나 패스트푸드 세트 교환권, 커피와 케이크 세트 교환권 등을 보내는 것이 보통이다.

특이한 경우로 소주잔이 달린 탁상 선풍기를 받은 적이 있었다. 독수공방의 외로움을 소주잔 기울이며 위로 삼으라는 것인지 소주를 마시지 않는 내게 그런 상징적인 의미를 담은 선물을 보내준 걸 보고는 혼자서 웃었던 기억이 난다. '보내는 김에 은장도도 보내지 그랬냐?' 이런 말을 친구한테 말할 걸 그랬나 싶다.

혼자 살면 아침에 대면하여 생일 축하 인사를 해주는 사람은 없어도 휴대폰으로는 축하 인사를 받는다. 축하 인사를 텍스트를 통해 보든 육성으로 듣든지 간에 이로써 나의 존재를 확인받는 것 같은 느낌이 든다. 그냥 아무도 날 알지 않고 조용히 살았으면 좋겠다는 생각과는 모순되게 말이다.

"생일 축하해?"라는 인사는 한국인에게는 익숙한 미역국 질문으로 이어질 때가 많다. "미역국은 먹었어?"라는. 생일엔 미역국을 먹어야 할 것 같은 기분이 드는 건 의식과도 같은 독특한 식문화 때문인 것 같다. 생일인데 미역국에 밥이라도 말아먹을까 싶은 생각이 들 때면 끼니를 소홀히 하는 현대의 후손을 헤아린 선조의 지혜인가 싶기도 하다.

시대가 변하면서 아침을 거르는 일이 많아진 현대인에게 미역국은 꼭 아침에 먹을 필요가 없고 먹고 싶을 때면 아무 때든 먹을 수 있지만, 그래도 생일 아침상에 올라오는 미역국은 내 생일을 기념하는 거라고 생각하면 나름 의미가 있는 것 같다. 게다가 한국인에게 있어 미역국은 상징하는 바가 있으니 소소하게 건네주는 말 한마디가 가족을, 한국인을 더 끈끈하게 하는 것이 아닌가 싶다. 물론 생일이 중요한 시험을 치르는 날이라면 '미역국이 대수냐.'라며 가볍게 무시해도 좋을 것이다. 아기가 순탄하게 잘 태어나기를 바라는 희망과 출산 직후 몸 회복을 위한 건강상 이유로 먹는 미역국과 달리, 미끌미끌한 느낌 때문에 시험에서 미끄러지지 않을까 두려운 마음이 드니까.

혼자서라도 내 생일상만큼은 기본적으로 차려야지 싶어 한때는 레트로 미역국을 간편하게 전자레인지에 돌려먹기도 하고, 미역을 사서 직접 끓여 먹기도 했지만, 점점 집에서 밥을 먹지 않는 일이 많아지다 보니 남의 생일에 인사치례만 하고 지내는 상태가 되었다.

예전에 육군들의 애환을 다룬 군대시트콤에서 가족과 떨어져 군복무를 하는 처지라 서로가 가족이라며 생일을 챙겨주는 전우애 장면을 본 기억이 난다. 영창에 간 한 이병은 식판에 미역국이 담겨 나오자, 감격하며 미역국이라는 말을 몇 번이고 읊으면서 눈물을 흘렸다. 반드시 먹지 않아도 되지만 안 먹으면 서운하고 서럽게 느껴지는 것이 생일날 미역국이다. 그러고 보면 생일날 아침에 미역국이 차려진 밥을 혼자라도 먹든지 미역국이 없더라도 누군가와 함께 식사를 한다면 생일에 일희일비하지는 않게 되는 것 같다.

생일날 아침의 미역국은 물질이 아닌 마음의 표시다. 초등학생 때 아침 일찍 일어나 엉망이지만 미역국을 끓이고 초코파이를 몇 개 쌓아 올려서 엄마 생신상을 차려본 적이 있다. 아침밥 준비를 하러 나오신 엄마가 화들짝 놀라지는 않으셨지만, 말없이 식탁을 내려다보고 눈물을 닦으시면서 나지막이 고맙다고 하신 모습이 기억난다. 지금도 그렇게 할 성의가 남아있는지에 대해서는 자신이 없지만, 엄마가 감격하여 눈물을 흘리면 보는 나도 눈물을 훔칠 것이 분명하다. 어릴 때는 엄마가 눈물을 흘리는 감정을 이해하지 못 했는데… 그런데 뻣뻣하기 짝이 없는 미역을 형편없이 끓여내고 네댓 개의 초코파이를 2층 케이크로 쌓아 올려놓고 이른 아침에 부엌에 서 있는 나를 보시면 엄마가 그때처럼 감격하여 눈물을 흘리시긴 할까?

미역국을 끓이고 초코파이로 케이크도 만들고 무엇보다 아침 일찍 일어났던 '기특한' 모습은 어찌 된 일인지 희미해지고 퇴색해 가는 것 같다. 세월이 흘러 이제는 클릭 한 번으로 집으로 택배 주문을 하거나 휴대전화에서 손동작 몇 번으로 이체를 하고는 "보냈어~" 한 마디로 '깜짝선물'을 하는 게 고작이다. "생신인데 미역국 드셔야지, 미역국 드셨어? 아빠한테 미역국 끓여달라고 하셔. 엄마의 배우자잖아~"라며 능구렁이처럼 넘어가는 딸의 전화에 엄마는 그냥 웃기만 하신다.

엄마는 꼭 생일이 아니더라도 간편하게 밥을 챙겨 먹으라며 주먹만 한 국을 여러 개 소분하여 보내주시고는 한다. 미역국은 아침에 눈 뜨자마자 먹기에 가장 부담이 없는 국이다. 미역국이 냉동실에 켜켜이 쌓여있어서 언제든 먹고 싶다는 생각이 들면 꺼내서 데워먹곤 한다.

생일 미역국은 보통 부모가 자식을 위해 차리는데, 엄마의 엄마인 외할머니는 이제 당신 몸 가누기에도 버거운 연세이기에 전에는 언제까지 자식에게 미역국을 끓여주셨는지 궁금하다. 구순이 훌쩍 넘은 할머니께 생신날 전화로 안부 인사를 드릴 때면 "아침에 미역국에 밥은 드셨어요?"라고 여쭙는다. 우리나라에 연세가 드셔도 드시기에 부담이 없는 미역국이 있어 다행이다 싶다.

엄마표 파전

국, 반찬, 심지어 밥까지 엄마가 만들어준 요리를 공수해 오거나, 스스로 요리해 먹거나, 간편식으로 해결하거나 굶거나 하면서 꽤 긴 시간을 혼자 살아오면서 최근에 깨달은 것이 있다. 몸과 정신을 위한 건강한 식사는 아침식사로부터 시작한다는 것. 토스트나 시리얼 혹은 떡과 과일 등의 간소화된 방식이 아닌 한식을 먹고 나면 두뇌가 안정적으로 작동하는 느낌이 들고 다음 식사 때까지는 딱히 다른 음식이나 간식 생각이 나지 않는다. 오히려 포만감이 오래 가니 점심, 저녁에는 한식보다 샐러드파스타라든지 토스트처럼 가볍고 간편한 것을 먹고 싶어진다.

나름대로 원인 분석을 해보자면 유년 시절에 학교 가는 날 뿐만 아니라 방학, 주말에도 늘 일정한 시간에 아침 식사를 했던 것을 몸이 기억해서 최상의 바이오리듬을 유지시켜 주는 것이 아닐까 싶다. 드라마에 나오는 고급스럽고 부유한 한정식 식탁은 아니더라도 소박하지만 제철 나물이나 채소로 만든 국과 반찬 몇 가지로 아침식사를 하느냐 아니냐에 따라 몸과 마음에서 느끼는 것이 달라진다.

그렇다고 내가 대식가도 아니요, 골고루 먹는 것도 아니다. 편식이 심하고, 같은 양으로 담은 삼 형제의 밥그릇을 육안으로 비교하기 어려워 양손으로 저울질하며 좀 더 가볍다고 느껴지는 밥공기를 선택할 정도였으니 말이다. 그때는 왜 그렇게 편식을 하며 밥을 안 먹었는지 모르겠다. 지금은 생존뿐 아니라 삶의 낙이기도 할 정도로 아침식사는 내게 중요하다. "아침부터 밥은 안 넘어간다", "고기는 부담스럽다." — 이런 말들을 하는데, 나는 식탁이 차려져만 있으면 아침부터 삼겹살에 쌈도 싸 먹을 수 있다.

잘 먹는 것 못지않게 누구와 함께 먹느냐도 중요하다. 1년에 두 번 있는 명절 무렵이면 '집에 가냐?'와 '휴가를 내서 해외에 안 가냐?'는 고정 질문을 듣곤 한다. 그러나 나는 소중한 휴가를 명절에 몰아서 쓰고 싶지 않고, 소중한 명절을 혼자 해외여행 하며 보내고 싶지도 않고, 소중한 해외여행을 명절과 휴가로 동시에 소진하는 것도 아깝다.

모든 것이 소중하지만 그중에서도 가치의 무게추가 움직이는 것은 '누구와 뭘 먹느냐.'이다. 비행시간이 길지 않고 문화적으로 아주 낯설지도 않은 일본 정도면 가볼 만하다 싶지만, 명절 기간에 수많은 인파로 북적이는 공항만큼은 피하고 싶다.

우동, 오코노미야키, 온천 등 일본의 맛있는 음식과 온천은 내가 무척 좋아하는 것들이다. 그렇지만 엄마와 함께 동네 목욕탕에서 사우나를 하고, 엄마표 파전을 먹으면 오코노미야키도 온천도 아예 생각나지 않는다. 라면 1개에다 감자 한 개 반을 넣는 아빠의 이상한 법칙으로 끓인 라면도 일본 라멘이나 우동보다 훨씬 더 만족하며 맛있게 먹을 수 있다. 그래서 아마도 언젠가는 일본에서 오코노미야키를 먹다가 엄마표 파전을, 온천을 하다가 엄마랑 동네 사우나 하던 것을, 라멘이나 우동을 먹다가 감자 넣은 아빠의 라면을, 아니, '엄마', '아빠'라는 존재를 떠올리게 되겠지만.

장소가 주는 분위기, 사람으로 인한 느낌은 어쩌면 희소성 때문에 더 소중하게 느껴지고 더욱 원하게 되는 것 같다. 우리는 돈만 지불하고 주문하면 현관 앞까지 배달되는 황송할 정도로 편리한 세상에서 살고 있다. 그렇지만 시야가 트인 마당에서 지글지글 굽는 삼겹살과 부모님 손을 거쳐 만들어진 두부, 된장찌개에다 밥을 먹을 때면 뚜껑을 열기만 하면 바로 먹을 수 있도록 최적의 상태로 제공되는 문명의 편리함은 떠오르지 않는다.

나의 사랑학 개론

딥페이크(deepfake. 인공지능을 활용한 이미지 합성 기술) 범죄가 우려되는 시대다. AI로 가공한 내 사진을 엄마에게 보내서 장난삼아 아빠께 누군지 알아보라고 했다. "낯이 많이 익은 얼굴인데, 텔레비전에서 나온 사람인가?"라며 진지하게 휴대폰을 들여다보는 모습을 옆에서 본 엄마는 눈물을 흘리며 웃으셨다고 한다. 가족이니 이런 민망한 장난도 해보는 것 아닐까? (아빠, 가짜에 속지 않으셔서 다행이에요!)

아빠와 관련된 나의 가장 어린 시절 기억은 유치원생 때 잠결에 아빠 등에 업히거나 안겨서 갔던 것이다. 기억이 너무도 어렴풋하고 희미한데 그 이전에도 살았다는 것이 신기할 정도로 내가 모르는 나의 인생이 있다. 그 나이의 인생을 조카에게 투영하여 그려보다가 '나도 저랬던가? 저 정도는 아니었을 거야. 모르겠다.'라며 부정하는 시점에 다다르기도 한다.

아기가 우는 것은 당연하지만 밤새 울어대는 아기 울음소리를 들어 본 사람은 안다. 사람을 얼마나 힘들게 하는지. 건넌방에서 새어 나오는 세 살배기 아기의 울음소리는 영문도 모르는 신의 형벌인가 싶을 정도다.

'쟤 왜 저래? 뭐 문제 있어? 자기 애니까 엄마든 아빠든 빨리 해결해.'라는 말이 목구멍을 지나 한두 마디 나오려다가 그냥 이불을 뒤집어쓰고 푹푹 한숨을 쉬고 만다. 왜냐하면 나를 더욱 괴롭게 하는 것은 어린 시절 박박 울어대던 나에 대한 기억이기 때문이다. 울음소리에 머리가 지끈거리기도 하지만 저 아이보다 더 컸던 유치원생, 초등학교 저학년의 내가 울고불고하던 것이 떠올라 차마 더는 말로 내뱉지 못한다. 지금 내 나이보다 더 적었던 미혼의 막내 이모는 비행기 태워주고 간식 만들어 주고 어르고 달래면서 아마도 영혼을 갈아 넣으며 고생하셨을 것 같다. 나는 그렇게 할 생각이 없고 할 수도 없기 때문에 이모의 힘든 노고가 있었으리라 상상을 해 볼 뿐이다. 나는 울음소리의 공명이 울리지 않는 가능한 먼 곳으로 피신했다가 조카 상태가 좋을 때 "비행기 태워줄까?", "간식 같이 먹을까?" 말 걸며 접근한다.

희미한 기억에서 뚝 떨어진 나의 선명한 기억의 조각들은 그저 우는 모습밖에 없다. 앞을 향해 솟은 할머니의 버선코 끝처럼 뾰족하게 앙칼진 울음이 할머니의 치맛자락 끝을 찢을 듯했다. 바닥에 엎어져 있는 나의 다리와 허리를 붙잡고 할머니로부터 떼어내려던 부모님과 친척들은 나를 찰거머리라고 생각하시지 않았을까? 치맛자락을 두고 할머니와 나의 팽팽한 줄다리기는 오래도 지속되었다.

그 조카가 유치원생이 되고 나서부터는 나처럼 박박 울어대지는 않기 때문에 나보다 낫다는 생각이 든다. 수건을 갖고 와서 낮잠 자는 나를 살포시 덮어주고는 토닥거리다가 옆에 조용히 앉는 모습을 여동생이 찍은 영상은 나의 열 손가락 안에 드는 보물이다.

같이 놀자고 다가온 어린 조카에게 동의하는 척할 뿐 미용실 놀이, 병원 놀이 등 놀이 이름만 갖다 대고 수를 쓸 때면 어른이 참 치사하고 비겁하다 느껴진다. 어른은 늘 미용실 손님이고 병원 진찰을 받거나 수술이 필요한 환자 역할이다. 어떻게 해서든 누워서 편한 쪽 역할을 하려고 한다. 그러다 어느 시점에 역할을 바꿔서 하자는 말에 '안 된다, 싫다.'라는 말이 막 목구멍으로 나오려는 순간 어린애한테 이런 식으로 야비하게 행동하는 것이 부끄럽다는 생각이 머리를 친다. 어린 조카에게 이모가 드러누워 눈 감고 한 마디씩 대답해주는 모습으로 후에 기억되는 것은 막아야겠다. 혼날 때 감싸 안아주며 안심을 하게 만든 할머니와 진땀 빼며 놀아주던 이모의 존재는 내게 있지만, 이 조카에게 그렇게 해줄 수는 없으니까 그저 다른 방식으로 기억을 심어주면 된다. 평소에는 혼자 집에서 본보기나 모범을 보일 필요 없이 살지만 이럴 때는 신경을 안 쓸 수가 없다. 닌텐도를 하자면 하고, 연 날리러 가자면 가고, 먼저 자전거 태워주겠다고 데리고 나가기도 한다. 신기하게도 해보면 그렇게 재미가 있을 수가 없고, 내가 더 신나서 방방거리고 다닌다.

어떨 때는 어린 조카가 거꾸로 내게 기억을 심어주기도 한다. 조카는 가끔 마시멜로를 꺼내와서 요리조리 돌리며 구워준다. 평소에 돈 주고 사 먹을 생각도 없고, 친구와도 먹을 일이 없는 마시멜로라는 재미난 간식을 먹는 것은 꼬마 조카 덕분이다. 구경하는 재미, 받는 재미 그리고 먹는 재미의 3종 종합세트 선물인 셈이다.

먹는 것 하나하나가 맛있고 즐거운 기분이 드는 것은 '사랑'이라는 MSG가 뿌려져서 그렇다는 다소 낯간지러운 분석을 해본다. 물론 내가 먹는 걸 무척 좋아하는 사람이기 때문에도 그렇겠지만.

나의 인생 속 나로서, 어린 조카의 인생 속 그로서 오가는 관계 속에서 어떠한 모습으로 기억될지는 중요한 것 같다. 비록 혼날 때 감싸 안아주고 편드는 역할과 진땀 빼며 어르고 달래주는 역할은 못 할지라도 어딘가에 걸려서 꼬인 연줄을 풀어주거나 가을날 탐스럽게 열린 홍시를 따주는 건 열 번의 기회가 있다면 열 번 다 해줄 수 있다.

내가 조카들에게 주고 싶은 선물은 나중에 기억할 추억을 쌓아주는 것이다. 업어주고, 안아주고, 열심히 같이 뛰어놀면서 시간을 선물하는 것이다. 이 시간동안 행복해하는 조카들의 표정을 보면 나 역시 즐겁고 스스로 뿌듯한 기분까지 든다. 연 날리며 동네방네 뛰어다니는 영상을 다시 볼 때면 기억이 새록새록 나는지 조카들은 수다쟁이가 된다. 자전거 뒷자리에 태워 쌩쌩 달리며 맞는 바람을 느끼게 해주고 싶고, 노랗게 익은 고개 숙인 벼를 보고, 귓가에 스치는 바람 소리를 들으며 가을이 왜 좋은지, 가을을 느끼게 해주고 싶다.

여자 조카 아이가 유난히 엄마보다 이모인 나를 선택하여 유일하게 허용하는 것은 샤워다. 잔뜩 거품 칠한 머리를 하고 거울 앞에서 장난치며 놀다 보면 샤워시간이 길어지고는 한다. 그럴 때면 욕실에서 나오자마자 이모인 내가 방패막이를 자처하여 꾸지람을 막아준다. "물 낭비하지 않게 수도 잠그고 그냥 거울 보며 놀았어." 조심스럽게 한마디 하고 조카랑 얼른 방으로 도망쳐 들어간다. 이로써 어찌 됐든 조카는 이모를 아주 듬직하게 생각하게 되는 일화가 만들어진다. 내가 그 나이에 받았던 사랑을 이제 조카들에게 나눠주는 것은 나의 사랑학 개론이 되었다.

어릴 때 학교와 집, 책에서 배운 대로 한 인간으로 자라 나름 떳떳하게 살고 있다는 생각을 하다가도 가끔 어린 조카의 한마디 말에 와장창 깨지기도 한다. 놀아주는 척하며 꼼수 쓴 것을 반성하는 경우 말고도 무심코 나온 말 한마디를 조카가 지적할 때 그렇다.

말은 습관과 같아서 뇌를 거치지 않고 나오기 일쑤다. "야, 야!" 남동생을 부르는데 네 살배기 조카가 "'야'라고 하지 마세요!"라고 하자 나는 할 말이 없어 얼어붙었다. 사람 이름을 두고 그렇게 불러대니 올바른 것을 배울 시기인 어린이 눈에는 너무도 잘못된 행동으로 보였을 것이다. 이후에 또 습관적으로 말이 잘못 나오려는 찰나에 말 끝을 흐리다 이내 그럴싸한 말을 지어내었다. "야~아! 이야아! 날씨가 좋구나! 이야아!"

어렸을 때 외삼촌한테서 접시에 콩 옮겨 담기로 젓가락질을 교정 받았던 것처럼 아이들에게 가끔 선생님이 되어주고는 한다. 손 씻는 법을 알려주니 어찌나 그렇게 배운

대로 손톱을 세워 비비고 깍지 끼워 씻는지! 고사리 같은 손, 아기 단풍 같은 손이다. 귀여워서 칭찬 세례를 퍼부으면서도 물을 낭비하지 않게 수도꼭지를 잠그도록 일러주면 순순히 따르고 거품칠에 집중한다. 작고 통통한 손등으로 수도꼭지를 밀어 올리는 건 더욱 귀여운데 어디서 본 건 있어서 양 손바닥에 물을 받아서 거품 묻은 수도꼭지를 씻어내기까지 한다.

누구의 훈계 없이 혼자 잘 먹고 잘 산다 싶다가도 이렇듯 문득 어린 생명체들이 불쑥 튀어 나와서는 경종을 울려준다. 예전에 집마다 있었던 뻐꾸기시계가 정시에 활짝 문 열고 나와 울면 '아, 몇 시구나.' 알아차렸던 것과 같다. 딱 그 느낌이다.

혼자 그리고 함께

서울 도심의 수많은 불빛 중에서 나를 반기는 빛은 없다. 세상은 별처럼 반짝이고 있지만 나의 보금자리는 마치 밤하늘처럼 어둡다. 서울 하늘 아래 '진짜 내 집'이 없기도 하고 혼자 사는 집에 불이 켜져 있을 리도 없기 때문이다. 외부에서 모든 일정이 끝난 후 저녁에 집에 다다르면 가방을 내려놓고 씻기부터 하든, 잠시 침대 끝에 걸쳐 눕든, 혹은 설거지나 빨래를 후딱 해놓든 서서히 긴장이 풀리게 된다. '집'이 주는 안도감이 이런 것이다. 나를 기다리는 이가 없고 하기 싫은 일들이 나를 기다려도 하루 마무리를 하는 최종 목적지인 셈이다. 밤하늘처럼 어둡게 불이 꺼진 집이어도 일단 내 몸 누일 공간이다. 집을 나설 때는 뒤도 돌아보지 않지만 몇 시간 떨어져 있는 동안 그토록 간절한 마음이 샘솟았던지 집과의 거리가 점점 가까워질수록 반갑기 그지없다.

어둠이 켜켜이 내려앉은 공간에 들어서도 나만의 세계에 안착한 듯한 느낌을 받는 것은 1인 가구만의 특혜다. "난 불이 켜진 집보다 불 꺼진 집에 들어가 불이 탁 켜지는 순간의 아무도 없는 집이 좋다."고 하니 엄마는 "그럴 거면 집에는 왜 오냐?"고 하신다. 그때 바로 말을 하지는 않았지만 부모님 댁에는 살지 않기 때문에 가는 것이다. 혼자 집에 있다 보면 한없이 조용하게 어둠 속에 있거나, 은은하게 퍼지는 간접 조명 속에서 울려 퍼지는 음악이나 유튜브 소리만이 소음의 전부다. 자유로운 나만의 공간에서 왜 그러는지 이해가 되지는 않지만 블루투스 이어폰을 끼고 음악을 들을 때도 있다. 공간 속 공간에 빠져들어 더욱 집중이 되는 느낌은 착각일까?

생각해보면 공간을 오롯이 나만의 것으로 만드는 것은 나를 제외한 그 어떤 것의 움직임도 없거나 제어가 가능한 상태일 때 가능한 것 같다. 반려동물을 키우지 않는 이유도 그래서다. 그러다 보니 생각해낸 것이 식물 키우기다. 다육식물, 선인장, 허브 그리고 이름 모를 식물을 지난 몇 년간 키워보니 매번 처참하게 시들어 갔다. 충분한 바람, 볕, 물의 조건이 충족되지 않아서라고 생각할 수 있겠지만 사무실에서 키운 화분의 식물들 역시 성장이 멈췄다. 말라 죽거나, 심지어 대형 화분의 나무는 곰팡이가 피는 참사가 일어난 적이 있다. 물을 과하게 주었거나, "사랑을 줘야 잘 잘 자란다."는 말을 듣고 과한 사랑을 퍼부어서 저 지경이 되었나 싶으면서도 답답한 심정이 되었다. 심기일전하여 작은 화분에 분갈이 흙을 부어 방울토마토 씨앗을 심었다. 바람이 잘 통하고 볕도 잘 드는 창가에 사랑을 담아 고이 모셔 두고 설레는 마음으로 2주를 기다렸는데 소식이 없었다. 흙이 시멘트처럼 굳어 있어 이상했지만 기다림의 미학으로 3주를 또 기다렸다. 끝끝내 생명의 싹은 틔우지 못했다.

스스로에 대한 실망감과 자괴감이 없을 수 없었다. 솔직히 적잖은 충격도 받았다. 동·식물도 못 키워, 요리를 배워도 못 해, 손끝에 재능이라곤 없다는 원망감에 손등을 톡

톡 치다가 문득 방향을 바꿔 쳐보니 박수 치는 모양새가 되어 한편으로는 '그럴 수 있지.'라는 생각이 들었다. 원망과 위안의 교차.

나에 대한 관찰과 학습을 통해 비교적 스스로를 잘 알고 있다고 생각했는데 빗나갈 때면 어김없이 '어디서 잘못을 한 거지? 잘못 살고 있나?' 하는 의구심이 찾아 들었다. 그러다 민화를 그리는 이종사촌에게서 구입한 화조도와 모란 작품으로 공간을 채우면서 오롯이 나만의 것으로 소유하게 되고 심신의 안정도 되찾게 되었다. 그리고 이것을 계기로 민화 관람에 대한 관심도 생겼다.

템플스테이는 나의 버킷리스트 중 하나였다. 20대 때부터 '해야지, 해야지.' 늘 생각을 했다. 나이 앞자리 숫자가 바뀔 때면 비장한 각오를 하게 된다. 스무 살, 서른 살을 지나 마흔에 진입하고서야 마음이 급해진 건지 행동 착수가 빨라졌다. 예전엔 템플스테이를 하게 된다면 합천 해인사에서 해야겠다고 막연히 생각했는데 막상 템플스테이를 하기로 결정하자 뭔가 계기를 만들고 싶다는 생각이 들었다. 창경궁이나 창덕궁에 있으면 조선에 가 있는 듯한 느낌이 들듯이, 경주에 갔을 때 신라 속에 들어가 있는 느낌을 받은 적이 있다. 게다가 현실을 벗어난 일탈, 일상탈출을 하고 싶기도 했고, 선무도의 본원이라는 경주 골굴사 소개를 어느 다큐멘터리에서 본 후 호기심이 생겨 인생 첫 번째 템플스테이 장소로 정했다.

나는 절에서 새벽 예불, 하루 세 번 공양에 아주 열심히 참석했는데, 특히 절밥이 입맛에 어찌나 잘 맞던지 새벽 예불을 위해 기상하자마자 아침 공양을 기다리는, 평상시 하지도 않는 부지런함을 유난 떨 듯 부리곤 했다. 한동안 절에 눌러앉아 밥 먹을 시간만 종일 기다리면 어떨까 하는 생각도 해보았다. 자율시간에는 절 입구에 있는 보리수나무 카페에 하도 들락거려 절밥이 부실했냐는 카페 사장님의 질문에 민망했지만, 절밥과 카페 메뉴 모두 너무 맛있어 그저 열심히 먹으러 혼자 바삐 움직였을 뿐이다. 혼자일 때 동선의 자유와, 좋아하는 것을 혼자 누리는 기쁨이 좋았다. 템플스테이의 목적이 실종된 채 마음수련이 아니라 절에 가서도 그저 먹는 기쁨을 넘어선 과욕을 부리러 가는 것인지 나를 의심하게 되기도 했지만 아무튼 원하는 것을 이루었다는 생각이 들었다.

하지만 바로 다음 순간 가족과 친구들이 떠오르며 다음에 같이 오고 싶어졌다. 나 혼자서 좋은 것을 경험하기 아쉬웠기 때문이다. 이처럼 가장 좋은 순간에 이들을 떠올린 것은 이들이 나의 삶의 '근간'이기 때문일 것이다. 혼자 살고는 있지만 나만의 것이 아닌 '우리'의 추억이 삶을 더욱 풍요롭게 하고, 끊임없이 형성된 관계 속에서 나의 삶이 빚어지고 만들어지기 때문일 것이다.

어렸을 적에 들은 '사람은 태어날 때 두 주먹 불끈 쥐고 태어나지만 죽을 때는 빈 손으로 양손이 풀려있다.', '어떤 크기이든 사람은 태어나면서 본인의 밥그릇은 갖고 태어난다.', '사람은 일을 하며 밥값 해야 한다.'와 같은 부모님 말씀들은 혼자 있을 때 유난히 생각이 더 나고 어두운 벽에 비춰진 그림자처럼 나의 형상을 만드는 것 같다. 나를 앉혀놓고 심각하게 하셨던 말씀은 아니었지만, 은연중에 들었던 그런 말들은 혼자 살지만 혼자서 살 수 없는 세상에서 나를 일으켜 세우는 힘과 같다. 그렇기 때문에 소중한 것들의 무게추를 달고 일어서서 걸어가게 된다.

나의 삶을 빚어내는 것은 나 자신이지만 가족, 그리고 보다 관계를 확대하여 친구와 주변인들과 건강한 관계를 형성하며 혼자 그리고 함께 살아가야 한다고 생각한다. 그래서 할머니가 그러셨던 것처럼, 부모님이 그러하신 것처럼 나 역시 예쁜 조카들에 대한 내리사랑 책무를 느끼고 행동하고 있다. 때론 열정보다 책임감의 온도가 더욱 뜨겁다고 나는 믿는다.

나의 삶의 99%는 가족뿐 아니라 주변 사람들과의 공생 관계 속에서 이루어지고 있다. 언젠가 '진짜 내 집'을 갖게 되면 가족과 친구들을 초대하여 거실 깊숙이 볕이 들어오는 따뜻한 공간에서 내 손으로 만든 요리를 대접하고 싶다. 이것이 매번 부족하고 서툴지만 요리를 향한 내 배움의 노력이 여전히 멈추지 않는 이유다.

작가의 말

날 모르는 사람들이 이 글을 읽기를 바라는 마음으로 썼다. 어디선가 비슷한 고민을 가지고 사회생활을 하는 익명의 1인 가구 MZ들이 한 명쯤은 있지 않을까 생각하며. - 남윤지

이 글은 혼자서 다양한 활동을 경험하며 느꼈던 감정들과 생각들을 기록한 에세이다. 혼자 전시회를 다니며 세상을 나만의 시각으로 바라보고, 발레 공연을 보며 진정한 자신과 만났으며, 단체여행에서 새로운 인연과 깨달음을 얻었다. 이 글을 통해 여러분도 혼자만의 시간을 풍요롭게 즐기고, 자신만의 특별한 순간을 만들어 가길 바란다. - 박아연

피곤과는 떨어질 수 없는 현대인 중에서도 유독 가위에 잘 눌리는 인간의 경험이다. 지나고 보니 별것 아니었던 일을 글로 쓰고 나니 대나무 숲에서 소리친 두건장이의 기분이 든다. 누군가에게는 무서웠다고 말하고 싶었지만, 말하지 못해 속에서 머물던 이야기를 들어주셔서 감사드린다. - 오희진

조각난 생각과 기억을 얼기설기 엮는 과정에서 진땀을 빼며 글 쓰는 일이 보통 일이 아니라는 생각을 했다. 몇 자를 적는 데 숱한 고민을 하거나, 썼던 글을 열 번도 넘게 지울 때엔 글이나 삶이나 순탄치 않다는 점에서 비슷하다고 느껴 미소 짓기도 했다. 그래도 오랜 꿈 중 하나였던 '글쓰기' 기회를 얻게 되어 진심으로 감사한다. - 윤성민

세상에는 나보다 멋진 사람들이 많아서, 1인 가구와 복싱에 대한 이야기를 써도 될지 고민했다. 그러나 일기장을 여는 마음으로, 복싱과 그 인연에 대한 고마움과 내 생각을 적어 내려갔다. 글을 쓰는 내내 설레고, 다른 분들의 글을 읽으며 두근거렸다. 모든 1인 가구가 건강하고 행복하길 바라며, 여러분의 건투를 기원한다. - 이다솔

힘겨운 젊은 날을 보냈다. 그래서 이제는 오늘 하루만 잘 살기로 했다. 하루를 잘 산다는 것은 무엇일까 생각했다. 나를 잘 돌보는 것, 내 주위를 잘 돌보는 것. 매일 이런 마음으로 산다면 좀 더 좋은 어른이 될 것 같다. 오늘도 모두가 안녕하기를 빈다. - 이의수

혼자일 땐, 이렇게 사는 게 맞는 것인지, 나만 외로운 것인지 답답하기도 하지만 사십 대의 보통여자가 지극히 개인적인 이야기를 풀어내는 것이 인생의 늦은 사춘기에 든 홀로 사는 사람들에게 위로가 되기를 바라는 마음이다. 세상 구석구석 우리 같은 존재들이 조용히 살아간다는 걸 알면 작은 힘이 생길 수도 있으니까. - 이지원

평소 머릿속에서 스치는 생각은 많지만 메모와는 거리가 멀어 후회가 없지 않다. 글을 쓰다 보니 나에게 소중한 것들을 떠올리게 되고 이야기 재료들이 생겨나기 시작했다. 마침내 책을 내는 꿈을 이루었다. 이런 경험들이 인생을 더 흥미롭게 만든다고 생각한다. 다양한 삶의 이야기에 공감도 하면서 재밌게 읽어주기 바란다. - 전수경

다른 사람들은 어떻게 살고 있을까? 다른 삶을 들여다

보는 일에 호기심이 있다면 1인 가구 열한 명의 개인적인 이야기를 다룬 이 책이 분명 흥미로울 것이다. 나와 같은 모습에서 공감을, 다른 모습에서는 신선한 발견을 하며 재미를 느끼길 바란다. – 조영인

　세상에 소중한 존재로 태어난 모든 이들이 누구나 마음 안에 있는 밝은 빛을 잃지 않기를 바란다. 나의 소소한 행복과 삶의 이야기를 통해 여러분 자신의 소중한 추억을 꺼내보길 바란다. 지나간 추억이라 해도 우리에게 앞으로 나아갈 힘을 주기 때문이다. 그리고 당신의 추억을 통해 여러분의 삶이 더욱 빛나고 행복해지기를 진심으로 바란다. – 조은혜

　나의 개인적이고 시시한 이야기가 과연 책이 될 수 있을지 포기하고 싶은 순간도 있었지만 '내가 하기로 결정한 일이니 계속 해보자.'란 생각과 언젠가 헤어지게 될 봉봉이와의 이야기를 책이라는 형태로 남기고 싶다는 의지로 여기까지 왔다. 결국 남는 것은 '아, 글을 쓰는 것은 참 즐거운 일이구나.', '또 다른 글을 써보고 싶다.'는 생각. 이렇게 다들 글쓰기의 매력에 빠지는가 보다. – 허은혜

1인 가구 780만 시대의 '솔로 로망스'

혼자 사는 데는 다 이유가 있다

1판 1쇄 발행   2024년 9월 25일

지은이   남윤지 박아연 오희진 윤성민 이다솔 이의수
         이지원 전수경 조영인 조은혜 허은혜
출판지원   송파구가족센터
펴낸이   유영택
펴낸곳   도서출판 니어북스
등 록   2020-000152호
주 소   서울시 송파구 거마로 29
전 화   02-6415-5596
팩 스   0503-8379-2756
홈페이지   https://www.nearbooks.co.kr
블로그   blog.naver.com/nearbooks
디자인   서승연
일러스트   남윤지
인 쇄   상지사P&B

ISBN   979-11-977801-8-9 (03300)

니어북스는 독자 여러분의 소중한 원고를 환영합니다.
언제든 이메일(nearbooks@naver.com)로 문의 주세요.